# 26堂
# 致富心態
# 校準課

世界富豪導師
**DAN LOK 駱鋒** 的
「老子有錢」哲學

# F.U. MONEY

MAKE AS MUCH MONEY
AS YOU WANT AND
LIVE YOUR LIFE AS
YOU DAMN WELL PLEASE

駱鋒（DAN LOK）————著

辛亞蓓————譯

# 目錄

第三部

# 老子有錢的思維模式

第四部

# 老子有錢的事業

# 前言

我敢說，你沒讀過我寫的這種書。

讓我猜猜。你手裡拿著這本書，是因為你想在經濟方面達到某種水準，但你還沒實現。你厭倦了自己的工作，也對財務狀況感到沮喪。或者，你沒有足夠的現金投入自己的投資計畫，以至於還無法退休或致富。

我可以肯定的是，你讀這本書的原因是想得到更多……

更多錢、更多物品、更滿意、更充裕的時間、更幸福、更頻繁的性愛、更多樂趣、更多關愛、更愉快，以及更多重要的東西！

能實現的話，就太爽了。

人生的目標就是追求更多、創造更多。這是現實，沒有所謂的對錯。所以，我的假設是你想獲得更多，而且你不覺得內疚。假如你感到內疚，就需要了解內疚感是一種問題，也是導致你無法擁有更多的一大原因。**努力克服吧。**

你在逛書店和圖書館的商業類叢書時，會看到書架上堆滿各種商業和成功相關的書，盡是些宣稱有助於個人成長的「自

救書」。這些書大多會浪費你的時間和金錢。說到自救書，最常見的就是在情感、新時代、成功方面著墨太多。問題是：如果你真的遇到並認識所謂的「成功大師」，就會發現他們其實身無分文。他們買不起尿桶，甚至沒有窗戶可以扔掉尿桶，所以，他們在失意落魄的情況下，怎麼能教你如何成功呢？也許你會說：**「駱鋒，他們的心靈富足。」**你想的沒錯，但那只不過是「成功大師」用來解釋自己缺錢的爛藉口。

我認為，真正的成功代表生活各方面都很富足，包括家庭、愛情、家人、健康、朋友、樂趣，當然也包括錢──很多很多錢。

第二種自救書則充滿了鼓舞人心的心理學幹話。有些怪咖會告訴你，只要你每天為自己打氣、正向思考；只要你冥想和發揮想像力，把自己關在房間裡，周圍裝飾著紫色的蠟燭、焚個香什麼的……錢就會從天而降。「勵志大師」會告訴你，只要自我感覺良好，就能賺到錢。但我想跟你說，只要你賺大錢，就會對自己感到十分滿意。

第三種自救書是由缺乏實際商務經驗的作者所寫的商業類書籍。我完全不能忍受這種裝腔作勢的人，他們通常是商學院教授或「論文大師」，很喜歡假扮成商業專家，但實際上，他們在悲哀的一生中從來沒有創業過。雖然他們的理論可能聽起來有道理，卻毫無用處，因為他們沒有實戰經驗。他們不了解沒有薪水的日子是什麼樣的滋味，也不明白為了維持生計而賣

掉汽車、抵押房子、省吃儉用的感受，但他們厚著臉皮「研究」並提供你荒謬的數據，把一切變得很複雜，結果你困惑不解，甚至沒有履行任何目標。

至於第四種自救書，則是引導你循序漸進地創業、經營生意以及最終出售企業。這種書的主題涵蓋了融資、行銷、銷售、管理、領導力，有些很實用，有些不值一讀，而有些根本碰不得。但這些書都無法教你如何做好心理準備，並調整你看待賺大錢的角度。

最後一種自救書與理財有關，不外乎強調努力工作、儲蓄、量入為出、投資共同基金、善用複利效應，並宣稱有朝一日，如果你夠幸運的話，就可以自在地退休（還不夠富有時）。但如果你能自律地存錢，不在每個月底前花光薪水，且長期獲得很高的投資報酬，那你當然能自在地退休。

我不了解你的情況，但如果你認為大半輩子盡力做著自己討厭的工作，就能享受美好的退休生活，我想跟你說，這種想法非常荒謬。

為什麼要等到白髮蒼蒼才退休呢？為什麼要等到退休後，才開始享受生活呢？何不現在就採取行動？

對了，你知道理財專家、理財作家多半為誰服務嗎？共同基金公司！依你看，為什麼共同基金公司要大力宣傳他們提出的退休計畫？因為他們優先考慮你的利益，還是因為他們能從中賺取一大筆錢？

你現在應該知道答案了吧。

## 值得花時間讀的書

有一些書是由在企業界有所成就的人撰寫，例如理查‧布蘭森（Richard Branson）、賈伯斯、比爾‧蓋茲、巴菲特等人的傳記。我很喜歡讀這種書，因為可以從他們的成功與失敗經驗中學到東西。這才是你應該接觸的書籍類型。

## 憑什麼要相信我的話？

我幾年前到北美洲時，身無分文，沒有人脈，也不會說英語。當時，我說話的口音很重，並不是含著銀湯匙出生的人，曾經白手起家且犯了無數錯誤，也被許多人欺騙過。

我曾在超市做過領基本工資的雜貨裝袋員，也經歷過多次人生起伏，一度負債十五萬美元，但我都賺回來了。我之所以能成為白手起家的富豪，並不是因為有錢的叔叔去世後讓我繼承了財產，也不是因為別人給我錢。我完全是憑著自己的汗水和淚水從零開始……在這個殘酷的商業界生存下來。

如果我想要的話，今天就可以退休了。如果我明天想搭飛機，到加勒比海的度假村待一個月，我可以做得到，而且我之前做過了。

　　我可以自由地做自己想做的事，時間、地點、旅伴任我挑選，不必擔心錢的問題。當然，我也可以在任何地方對討厭的人說髒話，不必承擔嚴重的後果，因為老子有的是錢。

## 提醒！如果強硬的態度或言語很容易冒犯到你，請不要讀這本書

　　或許你沒注意到，這本書的措辭並非「政治正確」，絕對不適合太過敏感或玻璃心的人。

　　言下之意就是，我沒有花時間刪減所有「該死」、「幹」之類的無禮用詞。我的寫作風格就像我平常說話的風格。不胡扯，沒有廢話，也不搬出話術。而且我認為粗話能為我傳達的訊息增添趣味，讀起來更容易理解。

　　我知道光是副書名中的「老子有錢哲學」，就會引起很多人的反感，但我相信，只有在我敢冒犯別人的情況下，才能讓人印象深刻。被人討厭，總比遭到忽視好。在我的職涯中，經常出現批評我，以及不喜歡我的人。

> **駱鋒語錄 #1**
>
> 用話術包裝事實，是有害的。

　　在我們進入主題之前，我想把三件事說清楚：

一、**書中的概念或策略都不是我發明的。**我只是在書中加以闡述，這裡沒有原創內容。如今，我能實現的所有事，都是別人直接教我、支持我、甚至向我挑戰的結果。

我認為一般人高估了所謂的獨創性。你可以輕易地辨認出先鋒，因為他們通常躲不過明槍暗箭！其實，我的大部分財富都是在我改變現有的想法後才獲得，不是自創新的東西後才獲得的。

二、**你無法在這本書裡找到所有答案。**你可以找到一些解決辦法，但不是全部。

這本書的宗旨不是教你怎麼賺大錢。我的目標是擴展你的視野、改變你的思考模式，並打開你的心扉，鼓勵你迎接一個充滿機遇的嶄新世界。小奧利弗‧溫德爾‧霍姆斯（Oliver Wendell Holmes Jr.）說過：「人的思維觸及新的想法後，就不會回到原本的層面了。」

對於只盼望或想像錢從天而降的人來說，這本書也不是仙丹或強心針。如果你相信屁話，那你就不適合讀這本書。我希望的讀者，是那種認真研究如何打造一家出乎意料、能帶來自由與成功的企業的人，但要做到這點，就必須工作。

三、**我不強迫你認同我的看法。**

我可以接受意見不同的情況——沒什麼大不了。有很多恰

當的方法，但我想分享的是，我試過後發現很有效的方法。沒有對錯之分，就只是我的經驗分享，這些方法也是我從親身經驗汲取的心得。

你願意的話，參考一下我的建議吧，不妨挑一兩種見解，親自嘗試看看。如果你發現有效，太棒了，請繼續實踐，但如果你發現沒效，就直接忘掉，我不會因為這樣就不爽。

## 失敗法則

我不知道通往成功的必經之路為何，但我非常了解必定失敗的做法，那就是努力取悅每個人。我不在乎別人怎麼看我，後來我就漸漸過著富裕又美滿的生活了。此時，我也不會去討好身邊的每個人，反正我已經賺飽了。

去他媽的酸民！做不到的人總是愛批評，對著有在做事的人冷眼批評，很簡單嘛？我想對愛批評的人說：「既然你們那麼聰明，怎麼還沒變成有錢人啊？」如果沒人批評你，代表你可能還沒有任何成就，路邊的狗屎沒人踩——道理就是這麼簡單。

我向你保證，當你開始追求自己的夢想，並努力賺大錢時，一定會遭到言語霸凌。所以你最好長出鱷魚皮，適應現實吧。重點是心情不要受到影響，也不要因此責怪自己，酸民都是魯蛇，幹嘛理他們？

這只是因為你生在人世間，讓別人覺得備受威脅。但他們不會付錢給你，也不會跟你有交集，所以，何必管他們怎麼想？

> 「怕被批評，然後做事放不開、不敢發言，最後就會變成沒用的人。」
> ——艾伯特・哈里斯（Albert Harris）

## 這本書到底在講什麼？

所以，這本書到底在講什麼呢？內容是關於幫助你賺很多錢，讓你開始相信自己辦得到，並逼迫你採取大規模的行動，抱著必死的決心賺大錢。

這不是一本注重情感表達、自娛自樂、自我滿足的書。我相信你已經發覺到：我的目標不是讓你喜歡我，如果你想交朋友，去買隻狗吧。

我想教你怎麼從不同的角度思考；我想改變你對創業和賺大錢的看法；我想幫助你成長；我是來考驗你的；我想給你一劑覺悟的良藥。

沒別的辦法了。我的任務不是讓你喜歡我，而是催促你起身做點事。

有必要的話，我會毫不猶豫地打你一巴掌、踹你、揍你或把你拖到終點線。這些就是我打算做的事，我會表現得咄咄逼人，讓你覺得難受不安。

　　我會告訴你需要聽進去的逆耳忠言，也許你會被我一針見血的實話嚇到，但你應該要了解：愛之深，責之切。

　　最後一點，你讀這本書時，記得問自己兩個問題：

- 我可以應用在哪些方面？
- 我該如何直接採取行動？

　　如果你希望盡可能從這本書得到價值與回報，可以在不同章節中的「活學活用」寫下你的筆記或解決問題的辦法。

　　別光讀書，要**活用**書中的內容。拿起鋼筆和螢光筆之後，你可以隨意寫寫字，接著把紙張撕成碎片，或是亂畫一通──隨便你，只要你懂得如何運用它就好了！

　　準備好了嗎？很棒。我們開始吧！

第一部

# 老子有錢的生活態度

# 老子有錢的定義

老子有錢是指「賺飽了」。此時,你不必逆來順受,也可以在任何地方對任何人說髒話(包括你的老闆),不必承擔嚴重的後果。

對不同人來說,「老子有錢」有不一樣的含義。這象徵著自由:擺脫一般富人經歷的財務煩惱,免於壓力和債務,脫離日常的辦公室事務。一旦你賺夠了錢,就能擁有充分的自由去過你嚮往的生活、做你一直想做的事。

賺大錢讓你可以自行決定要在何處、多常與家人和朋友共度歡聚時光。你購物時不需要看標價;可以捐款給自己喜歡的慈善事業;如果想給街上的窮人一百美元,可以直接去做,不必為錢發愁。

賺飽了之後,你就可以在山上或海灘買度假屋。你能悠閒地修繕和粉刷房屋,能夠駕駛夢寐以求的車,能夠買下一直很想住的房子。

你再也不必為了錢的問題而失眠。你很有錢的時候,就不

用煩惱家庭的未來了，可以給孩子或孫子女任何他們想得到的東西。

早上沒有鬧鐘吵醒你。你可以睡到自然醒，然後做自己喜歡的事，你可以在待辦清單上寫著「沒事幹」。你可以去滑雪、打高爾夫球、健行、衝浪、騎腳踏車──任何你想做的事都可以。

賺夠了，意味著你可以環遊世界、學習新語言、認識有趣的人。如果你希望明天搭飛機到夏威夷度假一個月，你可以做得到。旅行時還可以坐頭等艙，而不是經濟艙。

或者，如果你跟我一樣的話，賺夠了之後就可以致力於幫助別人發大財。你可以指導別人，並找出產生積極影響力的方法。你可以根據自己的喜好，或是對別人的生活有什麼樣的貢獻來選擇工作，不用受限於報酬。

致富之後，你可以雇用管家，不用再做家務事，這樣一來，就可以專心發揮才華，展現高效的生產力並活出熱情。假如你不喜歡下廚，可以聘請私人主廚；可以寫一本以前一直想寫的書，也可以創作以前一直想創作的音樂。

重點是，發大財後，你就能享有令人稱羨的生活！

有些人認為賺到幾百萬美元就是發大財，有些人則認為不需要賺到那麼多。無論你的定義是什麼，發大財就是指：你擁有的錢已經多到不需要更多錢的地步，因此，你可以輕鬆又滿懷感激地把錢捐出去，同時依然擁有不少錢。

　　你可以按照自己的方式過活，這取決於你的發展潛力，而不是局限性。

　　那麼，為什麼致富很重要？嗯，這麼說吧，如果你無法賺夠錢，就只好活得像個奴隸。問題不在於你賺了多少

**駱鋒語錄 #2**

**賺夠錢才是真正解脫的關鍵。**

錢，不只是如此，**賺夠錢才是真正解脫的關鍵**。畢竟，如果你不清楚致富的目標金額，即使你每年賺一百萬美元，可能還是會停留在彷彿缺錢的行為模式。

## 什麼時候該適可而止？

> 「金錢如同一面鏡子。檢視你的錢以及運用錢的方式，是認識自己的一種方式，猶如鏡子讓你看到自己。」
> ——麥可・菲利普斯（Michael Phillips）

　　我的事業剛起步時，我很熱衷於賺錢，因為我很早就下定決心要變成有錢人。我追著錢跑時，忽略了其他重要的事，結果，我犧牲了家庭生活的平衡，掉進很常見的陷阱。

　　我開始創業時，沒什麼錢，而且我心裡想的目標是：「如果我每年能賺到五萬美元，該有多好啊！」

　　然後，我賺到五萬美元時，我會告訴自己或祈禱：「再加

把勁吧。如果我每年能賺到十萬美元的話，我就不會再奢求更多錢了。」

等我賺到十萬美元時，我告訴自己：「我覺得可以賺到二十萬……然後是五十萬……接著一百萬……再來是兩百萬……甚至四百萬。」永遠都不夠。有趣的是，隨著收入增加，消費習慣的變化速度居然這麼快。

陷阱在於：我認為自己擁有的一切很不錯，但似乎永遠都不夠。

這就是追著錢跑的風險。追逐的過程讓人上癮，但你一不小心就會沉迷於金錢、數字、貨幣符號。你擁有的錢愈多，愈以為需要更多錢。

> **駱鋒語錄 #3**
>
> 如果你把錢當成毒品，那麼你跟癮君子沒有什麼兩樣。

如果你召集一群百萬富翁，然後問他們：「現場有多少人需要更多錢？」每個人都會舉手。就算你問億萬富翁同樣的問題，還是會看到每個人舉手。他們可能會說：「雖然我有足夠的錢，但我賺更多錢只是為了不讓數字往下掉。」嗯，這只是藉口。我以前也為自己找這種藉口，但什麼時候才會停止追逐？什麼時候才算是真正足夠？誰會想在墓碑上刻著「早知道就多做些工作了」？

了解自己需要的致富金額、目標以及理想的生活方式後，

你就能避開這種錯誤，也能夠實現想要達成的目標，最終獲得
自由。

　　這就是書中的要旨：賺到你想要的金額，然後過著「如你
所願」的生活，而不是仿照別人過活。賺夠錢是真正解脫的關
鍵，也是一種心境、一種思維模式、一種信念。最重要的是，
致富是一種生活態度，那時，你已經達到真正自由的境界。

　　大多數人不常做自己真正想做的事，這就是為什麼許多人
每天都在做自己討厭的工作。這也是為什麼很多人繼續與不再
相愛的配偶待在一起的原因，
也能說明為何不少人去了自己
不想去的地方。

> **駱鋒語錄 #4**
>
> 大多數人不常做自己真
> 正想做的事，卻經常做
> 別人希望他們做的事。

## 充滿遺憾的掃興人生

　　想想看，如果你賺不夠，人生會變成什麼樣子。即將離世
時，你會對自己說：「早知道我就……我應該要……。」

　　何不參考孔慶翔（William Hung）在電視節目《美國偶
像》（American Idol）說的話：「我已經盡全力了，沒有任何
遺憾。」

　　思考一下，為什麼不能**現在**就開始享受生活？

　　當你有經濟壓力，老是想著錢的問題時，你的想法會是：
「我該怎麼付帳單？」、「我怎麼繳得起孩子的學費？」

你沒有足夠的錢時，只好**拒絕**朋友的邀約。當他們說：「我們一起去度假吧！」你謝絕了，因為你付不起旅費，或是必須工作。你回絕慈善機構，因為你沒有多餘的錢可以捐贈。

我以前窮困時，很想捐款給兒童醫院，因為他們救了我親戚的命。我很感激他們的付出，所以想給他們錢，但我辦不到，因為我當時承擔不起。我甚至連自己的帳單都付不起，一直都是勉強維持生計。

你明白了吧，很多人都說想幫助別人，但實際上，他們**並不是**真的想伸出援手。如果你連自己都幫不了，要怎麼幫別人呢？

這就像我們聽過的飛機氧氣罩比喻：你自己要先戴上氧氣罩，再幫別人戴上氧氣罩，拯救世界之前，先救救自己吧。如果你真的很想幫助別人，先賺飽飽再說，等你做到後，就可以幫任何你想幫助的人。幫助窮人的最佳途徑就是：不要加入他們的行列。

如果你老是想著錢，就會為了錢而憔悴。你只關心怎麼生存——繳清帳單，飢餓的人只在乎餓肚子的煎熬，不會去想其他事。你缺錢時，就很難慷慨大方；被停水停電時，很難考慮到別人的需求。

> **駱鋒語錄 #5**
>
> 錢就像性愛。如果你的性需求得不到滿足，就不太想考慮其他事。但如果你很「性福」，就會比較願意考慮其他事。

有些人對我說：「駱鋒，你已經上癮了啦……那麼愛賺錢。你只關心錢。」

這話說得對，也不對。

我**的確**認為錢很重要，但我真正關心的不是錢，而是自由。

錢能給你做選擇的自由。我非常清楚自己想要什麼、不想要什麼。我想要的是：隨心所欲地購物、飲食、旅遊，自由是需要錢來支撐的。

我心目中的致富，指的是過著充實的生活──各方面都很充實。如果你不清楚自己的致富金額，那你就是在盲目地過活。你日復一日地工作，想著：「如果我能過著另一種生活，該有多好啊！」但你不曾為了實現嚮往的生活而花心思制定計畫，等你哪天終於想通，卻快要歸西了。

## 盡快賺飽飽

我一點也不建議你在餘生追求發大財，其實，我的意思恰恰相反。我的建議是，**現在**就解決錢的問題，這樣你就可以過著真正想要的生活，你也不會因為經常覺得自己缺錢，

> **駱鋒語錄 #6**
>
> 致富後，你就可以按照自己的方式過活──取決於你的發展潛力，而不是你的局限性。

被迫暫緩生活的步調。

我以前的想法是：等我賺夠了錢，就能開始追求夢想。其中一個夢想是學習怎麼開飛機，多年來，我一直想做這件事，常常告訴自己：「等我發財後，我就要去學開飛機。」

但我後來想到：「為什麼要等呢？」

何不**現在**就做？為什麼我不能馬上做喜歡的事？所以，我立刻報名機師訓練課程，取得了私人飛行執照。我跟你說，這種感覺實在太棒了！

我發現，這種做法對我追求發大財的目標沒有負面影響，要說有什麼影響的話，那就是產生了正面效果。我更快達成致富目標，因為我以前都沒有感到這麼快活和有活力。把錢花在機師訓練課程（儘管我那時還不富有）讓我體驗到做一直想做的事情之後的興奮感。事實證明，這就是我需要卯足全力追求發大財的催化劑，一旦我嚐到了「老子有錢」這種生活方式的自由滋味，便食髓知味。

想盡快賺夠錢的話，可以參考下方的網址，
你會發現自己生來就有創造高收入的天分：

HighIncomeSkills.com

## 活學活用

一、對你來說，致富有什麼意義？

二、你致富後，生活會是什麼面貌？（請盡量具體說明。）

三、你致富時，會有什麼樣的感受？（例如：內心平靜、沒有壓力、快樂。）

## | 第2堂 |

# 即使沒有名氣，
# 也要過得像好萊塢明星

想像一下，你的日子過得像好萊塢明星。

你住在什麼樣的房子？你開什麼車（或者你有私人司機嗎）？你打算下次去哪裡玩？

你有沒有瘋狂的夢想？

好好思考一下。

你明白了吧，我們其實不是想要更多錢，想要的是錢可以買到的自由。

在本章中，我會說明：即使沒沒無聞，也能活得像搖滾巨星的方法，就算你不是百萬富翁，也可以辦得到。訣竅是你要先區分：什麼事**可能**會帶給你樂趣，以及什麼事能**真正**帶給你樂趣。

重點是你真正想要什麼，而不是媒體說服你該追求什麼這樣的概念。

我舉個簡單的例子。我有一個朋友是名成功的企業家，擁有八輛跑車；分別是兩輛法拉利、一輛奧斯頓・馬丁（Aston Martin）、兩輛保時捷、一輛賓士、一輛道奇毒蛇（Dodge Viper），還有一輛摩托車。

所以，他當然得蓋個車庫來裝所有愛車，問題是他太忙了，大部分的愛車都還沒開到三千英里。我不是在開玩笑，真的很荒唐。

更糟的是，他整天想著接下來要買什麼車！他越來越拚命工作，只為了買更多他其實不需要的車，我的媽呀！

請別誤解我的意思，我喜歡車。我有一輛跑車和一輛豪華轎車，這樣就夠了。但我在家工作，所以也不太常開車，會開車外出，基本上都是為了找樂子。

說來奇怪，雖然我很喜歡在市區開著跑車兜風，但我覺得和朋友愉快地交談更有滿足感。前者要花錢，後者免費，不過這只是我的想法。

此時，你可能會想：「駱鋒，如果你更喜歡不花錢的事，例如和朋友開心的聊天，那為什麼你需要很多錢？」好問題。我的答案是：正是這些錢讓我有機會隨時、隨地找朋友聊天，無論多麼頻繁或聊多久都隨我高興。

大多數人每天朝九晚五、每週花五天到七天為別人工作。為了和朋友愉快地交談，他們只好利用晚上或週末的時間進行（或是冒著可能會被老闆發現的風險，約在上班時間）。

　　我不必忍受這種屁事！我可以隨意找某一週任何時間打電話給朋友說：「我們明天一起吃午餐，然後去海邊走一走，怎麼樣？」（或是可以舉辦派對、玩水上摩托車、開飛機……怎樣都行。）

　　這就是自由。既然我已經賺夠了錢，我就不需要附和別人。我說了算。

　　這就是其中的差異。我明白什麼事才能帶給我莫大的樂趣，然後確定我能從中享受到多大程度的快樂，以及我願意為此付出什麼代價。話說回來，你要了解，是什麼事情讓你產生動力。

　　我發現只要賺夠了錢，就可以把大部分時間花在能帶給你莫大樂趣的事，例如閱讀、旅遊或與朋友愉快地交談。

　　此外，你幾乎付得起所有東西（但超過一定的價格點後，你就只是為了讓別人羨慕，而不是為了品質花錢）。你享有很高的生活水準，也能享受任何你想像得到的樂事，但你仍然擁有不少閒錢。

　　生活中，有許多美好的事物都可以用錢買到，卻不便宜。高品質絕不便宜，但如果你有選擇地購買高品質商品，並小心使用，就可以享受物質豐富的生活，跟好萊塢電影明星差不多。你有沒有認真想過：你發大財後，要怎麼運用這些錢？

## 鎖定目標，才能擊中目標

想達到目標，首先要知道自己的目標是什麼。你需要設定我所謂的「發大財」目標。以下是此目標的範例：

一、買一輛賓士。

二、辭職。

三、買一間度假屋。

四、到歐洲旅遊一個月。

五、繳清房貸。

無論你的目標是什麼，你要先計算達到目標需要多少錢。你不該只想著：「嗯，我想賺幾百萬美元，但願如此。」別含糊其辭，算一下你實際需要多少錢。接下來，我會告訴你一種讓你意想不到的捷徑。

給你一項功課：繼續往下讀之前，回答以下的問題並採取相對應的行動。

### 活學活用

一、**描述你感興趣的具體事物，也就是你經常想到並「感到興奮」的事物**，例如：汽車、旅行、不動產、服裝、器具。

把你想要的「發大財」目標都列出來。你希望什麼時候達到目標？詳細說明目標並擬定費用。

1.＿＿＿＿＿＿＿＿＿＿＿＿＿＿＿＿＿＿＿＿＿＿
2.＿＿＿＿＿＿＿＿＿＿＿＿＿＿＿＿＿＿＿＿＿＿
3.＿＿＿＿＿＿＿＿＿＿＿＿＿＿＿＿＿＿＿＿＿＿
4.＿＿＿＿＿＿＿＿＿＿＿＿＿＿＿＿＿＿＿＿＿＿
5.＿＿＿＿＿＿＿＿＿＿＿＿＿＿＿＿＿＿＿＿＿＿
6.＿＿＿＿＿＿＿＿＿＿＿＿＿＿＿＿＿＿＿＿＿＿
7.＿＿＿＿＿＿＿＿＿＿＿＿＿＿＿＿＿＿＿＿＿＿
8.＿＿＿＿＿＿＿＿＿＿＿＿＿＿＿＿＿＿＿＿＿＿
9.＿＿＿＿＿＿＿＿＿＿＿＿＿＿＿＿＿＿＿＿＿＿
10.＿＿＿＿＿＿＿＿＿＿＿＿＿＿＿＿＿＿＿＿＿＿
11.＿＿＿＿＿＿＿＿＿＿＿＿＿＿＿＿＿＿＿＿＿＿
12.＿＿＿＿＿＿＿＿＿＿＿＿＿＿＿＿＿＿＿＿＿＿
13.＿＿＿＿＿＿＿＿＿＿＿＿＿＿＿＿＿＿＿＿＿＿
14.＿＿＿＿＿＿＿＿＿＿＿＿＿＿＿＿＿＿＿＿＿＿
15.＿＿＿＿＿＿＿＿＿＿＿＿＿＿＿＿＿＿＿＿＿＿
16.＿＿＿＿＿＿＿＿＿＿＿＿＿＿＿＿＿＿＿＿＿＿
17.＿＿＿＿＿＿＿＿＿＿＿＿＿＿＿＿＿＿＿＿＿＿
18.＿＿＿＿＿＿＿＿＿＿＿＿＿＿＿＿＿＿＿＿＿＿
19.＿＿＿＿＿＿＿＿＿＿＿＿＿＿＿＿＿＿＿＿＿＿
20.＿＿＿＿＿＿＿＿＿＿＿＿＿＿＿＿＿＿＿＿＿＿

二、**為了安樂地住在你想買的房屋，並擁有你想要的汽車或其他事物，你需要多少年收入？**

我會列出我的「發大財」目標清單範例給你看，包括每一項目標的費用。這是我在二○○二年一月寫的清單。後來，除了豪宅之外，其他目標都已經達到了。

我原本以為自己想住豪宅，但豪宅其實不是我渴望的目標物，純粹是自尊心作崇罷了。我以為所有富人都有豪宅，所以我也應該買豪宅，但是坦白講，誰想要每個月花十萬美元，請一位隨傳隨到的管家來管理豪宅呢？如果我要買豪宅，那一定是為了看來很屌，想留給別人深刻的印象。但我賺夠了之後，發現自己不再需要讓別人刮目相看。我唯一需要打動的人就是我自己。

我甚至沒有買房子。為什麼呢？因為我認為房子有一大堆需要處理的問題，例如暖爐、冷氣、害蟲防治、保險、清潔、電器故障、電氣或管道系統損壞。我又不是水管工、電工或雜活工，我也不想另外花錢請人做這些事。

我選擇住在豪華的公寓。我來自香港，長期住在摩天大樓，已經住習慣了，而且我喜歡那裡的景觀！住起來舒適愜意，最重要的是**不太需要**維修。我想過著輕鬆愉快、沒有麻煩事的生活。

## 駱鋒的私人「發大財」目標清單：

| | |
|---|---|
| 豪華公寓（200萬美元） | |
| 房貸利率7%，免頭期款（13,306.05美元／月） | 159.672.60美元／年 |
| 租兩輛跑車 | 36,000美元／年 |
| 每九十天到國外度假一次，10,000美元／次 | 40,000美元／年 |
| 享用五十二次高級料理，200美元／次 | 10,400美元／年 |
| 每週上一次舞蹈課，75美元／次 | 3,900美元／年 |
| 名牌服裝，3,000美元／月 | 36,000美元／年 |
| 家庭劇院系統 | 10,000美元 |
| 清潔服務，500美元／週 | 26,000美元／年 |
| 奢華的聖誕節 | 20,000美元／年 |
| 奢華的生日 | 20,000美元／年 |
| 私人主廚，五餐／週，30美元／餐 | 3,900美元／年 |
| 私人教練，約三次／週，120美元／週 | 7,800美元／年 |
| 兩張音樂會門票，每個月去一次 | 6,000美元／年 |
| 捐錢給慈善機構或兒童醫院 | 50,000美元／年 |
| 五十二次水療，100美元／次 | 5,200美元／年 |
| 機師訓練課程和飛機租賃費 | 50,000美元／年 |
| 坐豪華轎車 | 5,000美元／年 |
| 隨機帳單 | 50,000美元／年 |
| 任我買 | 100,000美元／年 |
| **總計** | **639,872.60美元／年** |

註：汽車、房子這類大型物件是固定成本；私人主廚這類項目是估計成本。

　　但如果擁有華麗的房子是你的夢想，那就去追夢吧！我並不是說買房是壞事，只是不適合我而已。這也呼應了前面提到的：要了解什麼事能讓你產生動力。

　　我決定住在卑詩省的溫哥華，因為那裡的都市生活很吸引我，距離宜人的鄉村風景也只有幾分鐘的路程。老實說，如果我一定要在地球上挑選定居地，那就是這裡了。溫哥華是很棒的城市。

　　你把這些項目的費用加起來後，會得出大約每年六十四萬美元。這就是我的理想生活型態的費用。

　　也許你會說：「哇靠！駱鋒，那是一大筆錢耶！」你說的沒錯，跟你目前的處境相比，確實是一大筆錢，但又不是一百萬或幾千萬美元。請相信我，因為我接下來會告訴你達到此金額（或更可觀的金額）目標的捷徑，不管你目前的經濟狀況如何，都辦得到。

　　我的觀點是：大多數人做這項練習時，會發現他們其實不需要擁有預期的金額，就能過得像搖滾明星。你可以過得很奢侈，有華麗的房子、度假屋，耗資卻依然沒你想像中的那麼高昂。事實上，我相信你可以看得出來，我必須不辭勞苦地「工作」，才能每年掏出六十三萬九千美元！要過這種生活，還要掏出這麼多錢，確實需要投入不少心力。

　　你看了我的清單後也許會發現，如果追求的目標物少一點，會感到更幸福。到頭來，幸福不就是我們想追求的嗎？你

當然可以擁有期盼的安全感和幸福感。但或許，大多數人認為所謂的「致富金額」，是指可以負擔得起對地球上任何人說髒話的後果。

> **駱鋒語錄 #7**
>
> 致富金額的定義：能持續保有財富來維持渴望的生活方式，而且不需要就業或依賴其他人資助的金額。

　　但事實上沒那麼簡單。

　　致富金額的實際定義是指：能持續保有財富來維持**渴望的生活方式**，而且不需要就業或依賴其他人資助的金額。

　　關鍵字是「**渴望的生活方式**」，這不單單是錢的問題，也涉及生活方式。接下來，我會說明如何達到此目標的**慢**方法與**捷徑**。

## 兩種有效的致富方法

### 慢方法：存一大筆錢

　　傳統的慢方法是準備充足的儲備金，也就是在你退休前慢慢累積可觀的財富。大多數人想到致富的概念時，都會想到這種做法。

　　如此一來，如果你退休時擁有一千萬美元的資產淨值，報酬率是10%，那麼你就能得到一百萬美元的年收入。除去聯邦稅、州稅及地方稅的三十五萬美元後，剩下的六十五萬美元資

金任你運用（要付多少稅，取決於你居住的地點以及你有哪些扣除額）。

你採用這種慢方法時，為了達到目標，就必須在三十年到四十年期間進行投資——也許是投資共同基金，還要保佑股市不會崩盤。

| 資產淨值 | 10% 報酬率 | 每年可支配資金（35% 稅後） |
|---|---|---|
| 1百萬美元 | 10萬美元 | 65,000美元 |
| 2百萬美元 | 20萬美元 | 130,000美元 |
| 5百萬美元 | 50萬美元 | 325,000美元 |
| 1千萬美元 | 1百萬美元 | 650,000美元 |
| 2千萬美元 | 2百萬美元 | 1,300,000美元 |
| 5千萬美元 | 5百萬美元 | 3,250,000美元 |
| 1億美元 | 1千萬美元 | 6,500,000美元 |

我們在二〇〇八年秋季看到了**股市崩盤**的情形。世事無常，你可以選擇一輩子拚命工作，盡量把錢投資到共同基金，結果只落得一場空！你為了在退休時過上發大財後的生活型態，癡癡等了三十、四十年，最後卻只得到了原本預期的一小部分。

而且，這種情況是假設你已存了足夠的錢，擁有一千萬美元的資產淨值，大多數人都不會為了退休存那麼多錢。反之，他們可能有一百萬美元的財產，但你可以從前面的圖表得知：

以10%報酬率來看，每年的收益只有六萬五千美元。這個數字不太可能讓一個家庭過上舒適的生活，當然也不足以過著富裕的生活型態。

## 捷徑：自動獲利工具

我就是採取這種方法：設計一種不耗時、能產生收入的自動化工具。這不只是更快產生成效的方法，也是更有把握成功的方法。

當你的自動獲利工具支付你的費用，並資助你渴望的生活方式時，你就賺飽了！基本上，你當天就可以退休。獲利工具帶來的收入，能支付你的**生活方式**。

我來舉例說明。為了方便理解，我們先不考慮稅收、經營自動化業務的成本等問題。

六十五萬美元除以三百六十五天後，可得出每天的生活費：一千七百八十美元八十二美分。

從每天的費用來看，這個數字還算不錯吧？

但你可能會想說：「駱鋒，那還是一大筆錢啊！」

好吧，那我們拆解成銷售的產品來說明。假設你在自己的網站上銷售一件九十七美元的產品，每筆可賺五十美元，那麼你要做的就是每天賣出三十六件，這樣一來，相當於每小時賣出一・五件。

你每天可以在一個網站上賣出三十六件，或者分別在兩、

三個網站上各賣出十八件。又或者，如果你的產品定價是一百九十七美元，可賺一百美元，你每天賣出十七‧八件的話，一樣能達到同樣的目標。

| 資金 | 每日收入（除以365天） | 產品定價97美元（獲利50美元） | 產品定價197美元（獲利100美元） |
|---|---|---|---|
| 65,000美元 | 178.08美元 | 每天售出3.5件 | 每天售出1.7件 |
| 130,000美元 | 356.16美元 | 每天售出7.12件 | 每天售出3.5件 |
| 325,000美元 | 890.41美元 | 每天售出17.8件 | 每天售出8.9件 |
| 650,000美元 | 1,780.82美元 | 每天售出35.6件 | 每天售出17.8件 |
| 1,300,000美元 | 3,561.64美元 | 每天售出71.2件 | 每天售出35.6件 |
| 3,250,000美元 | 8,904.10美元 | 每天售出178件 | 每天售出89件 |
| 6,500,000美元 | 17,808.21美元 | 每天售出356件 | 每天售出178件 |

你能看出這對一般人來說更容易做到嗎？你能看出自己能在更短的時間內達到目標嗎？更值得注意的是，比起依賴股市，以及在你無法控制的情況下冒險變成另一個受害者，這是更確定能成功的計畫。你可以**掌控**自己能賺多少錢，以及賺得有多快。

書中其餘的部分會著重於如何快速地執行，這就是我的做法，我也建議你照著做。你在短短幾年內就能賺夠錢，不需要等上幾十年，就像我一樣。

雖然聽起來很怪，但我急著想聽到讀者看完這本書後，就叫老闆、「奧客」或其他人滾蛋的真實故事。

第二部

# 老子有錢的迷思
# 阻礙你致富的八大迷思

| 第3堂 |

# 迷思 #1：錢買不到快樂

每當有人告訴你錢買不到快樂時，你不覺得很討厭嗎？這叫做屁話，胡說八道。如果你不相信錢可以買到快樂，那你應該也不知道要去哪裡購物吧。

> 「財富不一定能帶來幸福，貧窮也一樣。」
> ——蘇菲・艾琳・盧布（Sophie Irene Loeb）

貧窮只會滋生苦難並延續貧窮。

如果你認為金錢無法買到快樂，那你其實是過著自欺欺人的生活。我認識許多缺錢的人，他們都因為窮困而痛苦不堪。我嚐過窮苦的滋味，也享受過富裕的生活，所以我老實告訴你：有錢的日子比缺錢好太多了。寧可做富有的狗崽子，也不要做貧窮的狗崽子。

錢很奇妙，有錢是**超棒**的事。我很喜歡賺錢，因為錢能給我選擇的機會，給我自由，給我控制權。有錢，就能爭取到更

充裕的時間。

　　賺大錢以後，你就可以隨時去做你想做的事，這樣有什麼不對嗎？

## 一通深夜電話從此改變了我的人生

　　我永遠都不會忘記，那天是星期六凌晨兩點。我睡著了，隱隱約約聽到電話響不停。後來，我在半夢半醒之間接起電話說：「我是駱鋒。」

> **駱鋒語錄 #8**
>
> 金錢可以為你爭取到更充裕的時間，而時間可以轉化成追求幸福與個人成長的自由、助人的自由，以及隨心所欲的自由。

　　電話那頭是女人的聲音：「駱鋒，我是姑姑。」

　　我咕噥說：「蛤？誰啊？」

　　「我是姑姑。」

　　「哦，怎麼了嗎？有什麼事嗎？」

　　「駱鋒，你爸剛剛中風了。」

　　「妳說什麼？」

　　「你爸剛剛中風了。」

　　（雖然我的父母離婚了，我還是很愛爸爸。自從他留在香港，我搬到加拿大後，我們就很少見面了。）

　　那一刻，時間彷彿停止了。所有關於爸爸與我的回憶，都在我的腦海中不斷閃現。

我不知所措，不禁落淚：「他還好嗎？發生什麼事了？」

姑姑回答：「我們不知道──他當時和朋友在一起，然後就突然中風了。他的朋友帶他去醫院，現在他在急診室，醫生在幫他動手術。好像很嚴重的樣子，他可能撐不過去。」

我脫口說出：「天啊，天啊，我該怎麼辦？」

她說：「我等一下再打給你。」

接下來的七個小時，我來回踱步，一邊盯著電話，腦子裡想的都是最壞的情況。最後電話響了，我知道是姑姑打來的，但我不敢接電話。我深吸了一口氣後，才接起電話。

「駱鋒，好險你爸沒事了。醫生說他很幸運，因為他中風時，剛好有朋友在身邊。如果他晚三十分鐘到醫院，可能就沒救了。」

我大大地鬆了一口氣──我的肺部第一次吸了那麼多氣。

然後，姑姑對我說：「你想飛回來探病嗎？他想見你。」

那時，我只能慚愧地向姑姑坦白說：「我當然想探病，但我付不起機票，我付不出來。」我當時很缺錢，只能靠著基本工資勉強度日，更慘的是，我欠了一屁股債。

我想向親戚借幾千塊，好讓我飛回香港，但我後來跟爸爸聊了一下，他說：「兒子啊，別擔心，我沒事，你不需要飛回來。」他說這些話只是為了安慰我。我知道他想見我，我

| 駱鋒語錄 #9 |
| --- |
| 改變往往伴隨著痛苦。 |

也很想見他一面，卻做不到。

從那一刻起，我就下定決心**不再**做金錢的奴隸。靠！我不要再讓金錢控制我的人生，或決定我能做什麼事、不能做什麼事了。

我要發大財。我要掌控自己的財務狀況和賺很多錢，直到我不需要再承受這種痛苦的經歷為止。

有些人說錢沒那麼重要。他們可以試試看，把這句話告訴正在挨餓的家庭，或急需重大醫療救助的家庭。那些家庭會告訴你錢有多麼重要。

一般人從小就被灌輸追著錢跑是不對、不道德的行為。但是，全世界似乎都靠著錢在運轉。

想想看那些缺錢的國家或城市，你從這些地方能發現什麼共同點？通常是犯罪率高、較多人喜歡利用別人、更多疾病、更多苦難、死亡率高，缺乏學歷或教育程度低。

也許錢不是生活中最重要的東西，但事實是：錢在當今這個時代非常重要。有錢就可以買到食物、衣服、溫暖的感受及住所。如果你發現沒有這些條件也能讓自己快樂起來，請告訴我吧。

> **駱鋒語錄 #10**
>
> **金錢是所有好事的根源。**

愛情不能當飯吃。愛，無法確保你三餐溫飽；愛，不能保證你在冬天保暖；愛，不一定能為退休生活提供經濟保障；

愛，負擔不起你媽媽需要做的手術；愛，無法支付孩子的學費。

這些願望都需要金錢來實現，金錢是**所有好事**的根源。

## 活學活用

<u>請快速完成以下句子，不要費心思考。請別刪改你想到或寫下的內容。直接把你腦海中最先出現的想法寫下來。</u>

  1. 錢是＿＿＿＿＿＿＿＿＿＿＿＿＿＿＿＿＿＿＿

  2. 錢是＿＿＿＿＿＿＿＿＿＿＿＿＿＿＿＿＿＿＿

  3. 錢是＿＿＿＿＿＿＿＿＿＿＿＿＿＿＿＿＿＿＿

  4. 錢是＿＿＿＿＿＿＿＿＿＿＿＿＿＿＿＿＿＿＿

  5. 錢是＿＿＿＿＿＿＿＿＿＿＿＿＿＿＿＿＿＿＿

  6. 我爸爸認為錢是＿＿＿＿＿＿＿＿＿＿＿＿＿

  7. 我媽媽認為錢是＿＿＿＿＿＿＿＿＿＿＿＿＿

  8. 在我家，錢帶來了＿＿＿＿＿＿＿＿＿＿＿＿

  9. 我朋友認為錢是＿＿＿＿＿＿＿＿＿＿＿＿＿

10. 擁有錢並不是＿＿＿＿＿＿＿＿＿＿＿＿＿＿

11. 為了變有錢，我要＿＿＿＿＿＿＿＿＿＿＿＿

<u>回答以下問題，可以幫助你發現自己對金錢的消極看法。</u>

一、你從自己對金錢的看法中發現了什麼？你認為要怎麼
　　做才能致富？

二、為什麼你現在會有這些看法？在你的生活中，有哪些
　　證據可以證明這些看法適用於你？

三、繼續秉持這些看法，對你有什麼好處？為了維持信
　　念，你會付出什麼代價？

四、你的信念會如何阻礙你致富呢？

| 第4堂 |

# 迷思 #2：有錢人都是混蛋

媒體很喜歡批評富人是混蛋，為什麼他們要這樣說呢？

因為能讓窮人自我感覺良好。

別相信媒體的報導，為什麼不自己去查證呢？我認識的富人大多是善良、快樂、慷慨的人。我鼓勵你走出舒適圈，實際見見一些富人，看看你是否有不同的發現，但我相信你不願意這樣做。

幾年前，我的人生導師跟我說：「確實有富人自殺，但我敢肯定自殺的窮人比富人更多。」

那麼，有些富人是混蛋嗎？確實有些富人是混蛋，就像有些窮人是混蛋一樣。一個人的性格與貧富無關。

## 有錢人不是都很吝嗇又貪婪嗎？

如果你真的遇到富人，你會發現有些富人懂得回饋。他們捐款給慈善機構，他們的企業往往也會為社區提供就業機會，

並為城市和州帶來稅收。

他們怎麼能做得到？因為他們並不是只考慮到自己。他們擁有的東西太多了，所以他們**能夠**為別人著想，並進一步改善許多人的生活。富人把自己的財富用在改善別人的生活後，可以實現更多事，並在其他領域帶來更多成功和幸福的機會。

> **駱鋒語錄 #11**
>
> 如果你不喜歡富人，大可不必加入我們的行列。

想想看比爾・蓋茲，隨便你怎麼評論他──你可以說他很貪心，說他「壓制小企業」並打算統治世界，或說微軟是壟斷企業。

但我相信你很難找到像他這麼樂善好施的人。微軟上市後的幾年內，他已經捐了幾十億美元給慈善機構。我猜，比他更慷慨的人應該是巴菲特，因為巴菲特捐出了資產淨值的97%，相當於數以十億計的財富！

有些窮人**還是會**繼續批評這類有錢人。他們覺得自己說出的蠢話很合理：「幹，他們那麼**有錢**，就**應該**把錢捐出去。」

我反而想問，窮人最近為社會做了什麼事嗎？沒有！為什麼？因為他們承擔不起！但他們卻一邊乘涼，一邊評判**有能力**並有所作為的人。這些窮人都他媽的瘋了。

我發現這種抱著看好戲心態審判富人的窮人，都有索取福利的想法。

他們自以為應該得到特殊待遇，也認為這個世界虧欠他們，自私無比。

他們死也不會讀我寫的這種書，不願吸收新知識，也不肯試著改善悲慘的生活。就算閱讀可以拯救他們的人生，他們也不會踏進公共圖書館（這是他們可以**免費**學到怎麼改善財務狀況的地方耶！）。

他們是月光族，卻依然寧願把剩下的一點點錢花在垃圾食物、電玩遊戲、言情小說、香菸或非法毒品。他們也把時間浪費在看傑瑞・斯普林格（Jerry Springer）的重播節目或上色情網站。

其實從我多年來的經驗來看，只有窮人對我撒過謊、欺騙過我、偷過我的東西。

例如想把我不需要的爛貨賣給我的推銷員；我去修車時，想敲我竹槓的騙子；趁老闆不注意時，就偷偷上網或偷懶的員工；因輕微的鼻塞或頭痛就擠爆急診室，導致其他人的醫療保健成本飆升的聯邦醫療補助（Medicaid）對象。

所以窮人都很懶惰，有錢人都很慷慨嗎？當然不能以偏概全。但別被媒體洗腦了，為什麼你不親自了解有錢人？直接去找一些有錢人聊聊吧。

> **駱鋒語錄 #12**
>
> 搶銀行的嫌犯，絕對不是我們這些開著豪華轎車的人。

## 錢不能改變我嗎？

我聽過不少人找藉口說：「駱鋒，我擔心錢會改變我。」這是哪門子的歪理啊？實際一點吧。

我告訴你：錢只會讓好人變得更加善良，讓壞人變得更加惡毒。

錢是中立的，只不過是一種交易媒介的貨幣。它不具有改變你的邪惡力量，沒有魔力，所以無法影響你的核心本質，也不能改變你的人格。假如錢能使你變心，那代表你本來就有著嚴重的問題。錢只會增強你原本的特質，如果你是沒品的人，擁有更多錢只會讓你變得更像王八蛋；如果你是好人，擁有更多錢會使你變得更像個大善人。

來聽聽這個故事感受一下：

男子在酒吧靠近一位美麗的女子，沒有先閒聊就直接問：「如果我給妳一美元，妳願意和我做愛嗎？」

女子立刻火冒三丈，打了他一巴掌，吼叫著：「當然不願意！」

女子離開酒吧之前，他問了第二個問題：「那妳會為了一百萬美元和我上床嗎？」

女子猶豫了一下，然後

> **駱鋒語錄 #13**
>
> 如果你是沒品的人，擁有更多錢只會讓你變得更像王八蛋；如果你是好人，擁有更多錢會使你變得更像大善人。

說：「我願意。」

這時，男子說：「那二十美元呢？」

女子又露出憤怒的表情說：「當然不要啊！你把我當成什麼樣的女人了？」

男子回答：「我早就知道妳是什麼樣的女人，只是需要商量一下價錢。」

## 活學活用

請快速完成以下句子，不要費心思考。請別刪改你想到或寫下的內容。直接把你腦海中最先出現的想法寫下來。

1. 有錢人都是＿＿＿＿＿＿＿＿＿＿＿＿＿＿＿＿

2. 有錢人都是＿＿＿＿＿＿＿＿＿＿＿＿＿＿＿＿

3. 有錢人都是＿＿＿＿＿＿＿＿＿＿＿＿＿＿＿＿

4. 窮人都是＿＿＿＿＿＿＿＿＿＿＿＿＿＿＿＿＿

5. 窮人都是＿＿＿＿＿＿＿＿＿＿＿＿＿＿＿＿＿

6. 窮人都是＿＿＿＿＿＿＿＿＿＿＿＿＿＿＿＿＿

7. 缺錢後，我才了解＿＿＿＿＿＿＿＿＿＿＿＿＿

8. 致富後，我才了解＿＿＿＿＿＿＿＿＿＿＿＿＿

　　回答以下問題，可以幫助你發現自己對有錢人的消極看法。

一、你從自己對金錢的看法中發現了什麼？你認為要怎麼做才能致富？

二、為什麼你現在有這些看法？在你的生活中，有哪些證據可以證明這些看法適用於你？

三、繼續秉持這些看法，對你有什麼好處？為了維持信念，你會付出什麼代價？

四、你的信念會如何阻礙你致富呢？

| 第 5 堂 |

# 迷思 #3：你可以慢慢等

你以為自己可以永遠活著？好好想一想吧！

假設一般人的平均壽命是七十歲。在最初的二十年，你慢慢地成長。當你還是個學習怎麼當個成熟大人的小孩時，父母依然會照顧你。

與父母住在一起這段期間，你的選擇並不多。然後，頭二十年過去了，此時你還剩下五十年可以活。基本上，你在二十歲時就是成年人了，你可以自行選擇，並決定自己想做的事。

你的人生，有三分之一的時間用於睡覺，另外三分之一的時間會花在娛樂、放鬆、看電視、做愛、洗澡、上下班的通勤等等事情。

實際計算時，你會發現自己只有十年到十五年的時間可以工作和努力發大財。

而且這十年到十五年期間，還不包括你出錯、遭遇財務挫折、或經歷學習曲線*的時間。現在你明白為什麼「慢慢等著

---

\* 代表個體學習的實際表現。過程中的學習結果通常隨著練習次數增加而產生變化；走勢受到學習內容、個人條件、學習方式等因素影響。

發財」行不通了吧？


## 誰說理想的退休年齡是六十五歲？

　　為什麼你要等到六十五歲才退休？這種蠢話到底是誰說的？是政府嗎？用膝蓋想也知道，政府當然會優先考量你的利益，對吧？

> **駱鋒語錄 #14**
>
> 為了不斷賺大錢，你需要多種技能。

　　你為什麼不盡快賺夠錢，然後退休，除非你想要，不然以後不必再工作？為什麼要等到六十五歲？為什麼不是五十五歲、四十五歲或三十五歲就退休？

　　你可以培養憑空變出錢的能力。雖然這聽起來很牽強，但當你培養了多種技能、創造力，並相信自己努力工作的成果和創造力能帶來經濟保障後，你就享有真正的自由了。

　　回報不只是錢本身，這只是其中一部分，也包括你明白自己有信心、自由及能力在需要錢的時候賺到錢。

　　「在這個新時代，財富與資本真正的來源不是有形物質，而是人類的思想、精神、想像力以及對未來的信念。」
　　——出版業億萬富翁史蒂夫・福布斯（Steve Forbes）

　　我說過，發大財**不是**特定的數字，而是一種思考方式、一種心態、一種行為模式。這種生活風格讓你不用等到六十五歲，就能賺到很多錢。

　　我問你，你想環遊世界嗎？如果答案是**肯定**的，你比較希望在六十五歲還是四十五歲實現這個願望？

## 你每天都可以問自己的兩個重要問題

　　我花了多久時間才賺夠錢呢？我認為自己花了七年才「一夕致富」。換句話說，我花了七年才賺大錢，不過一到那時，一切就水到渠成。

　　這很常見，每個人一生中總會遇到這種階段：在一年內完成的事，比過去十二年還多。關鍵在於，要確保生產力很高的那一年能讓你致富。

　　要做到這一點，你必須讓自己沉浸在創造財富的思維模式。這就是差別所在，也是大多數富豪起步緩慢，卻在人生某個階段迅速致富的原因。

　　他們就寢時、吃飯時都在思考：「我該怎麼做，才能在有限的能力範圍內盡快賺夠錢？」他們考量了各種行動，並不斷問自己：「我今天做了什麼事，能讓我更接近賺夠錢的目標呢？」

　　如果你希望在接下來的三到十二個月內賺夠錢，我建議你

先培養高收入技能（High-Income Skill™）。這種寶貴的技能可以讓你每年賺進十萬到五十萬美元。

　　想了解適合你的高收入技能嗎？

請點進網址：<u>HighIncomeSkills.com</u>

## 活學活用

一、<u>你希望在幾年內賺夠錢？</u>


二、<u>腦力激盪一下你在本週能做的，能幫助你更接近賺夠</u>
　　<u>錢這個目標的事情，請至少想出五件。</u>


1.＿＿＿＿＿＿＿＿＿＿＿＿＿＿＿＿＿＿＿＿＿

2.＿＿＿＿＿＿＿＿＿＿＿＿＿＿＿＿＿＿＿＿＿

3.＿＿＿＿＿＿＿＿＿＿＿＿＿＿＿＿＿＿＿＿＿

4.＿＿＿＿＿＿＿＿＿＿＿＿＿＿＿＿＿＿＿＿＿

5.＿＿＿＿＿＿＿＿＿＿＿＿＿＿＿＿＿＿＿＿＿

| 第6堂 |

# 迷思 #4：一切都靠運氣

　　彩券主要是為容易上當的人而設計，也是政客不增加新稅賦，但直接從選民口袋「吸金」的狡猾手段。

　　你買彩券時，就像無償地向州政府送上錢（拜託你醒醒吧，最好還是寄支票給州議員，至少你有機會收到感謝函）。

　　雖然大多數人都知道中獎的機率很低，卻不清楚到底有多低。根據SavingAdvice.com網站，單一州的彩券賠率通常是一千八百萬比一，而跨州彩券的賠率可高達一億二千萬比一。

　　因此……

- 與中樂透相比，你被閃電擊中而喪命的可能性是六至四十五倍。
- 與中樂透相比，你因食肉菌而喪命的可能性是十八至一百二十倍。
- 與中樂透相比，你因遭蛇咬或被蜜蜂螫到而喪命的可能性是一百八十至一千二百倍。

- 與中樂透相比，你因依法處決而喪命的可能性是三萬至二十萬倍。
- 根據Space.com網站，你在二〇二九年因小行星發生碰撞而喪命的可能性，是中樂透的四十五萬至三百萬倍。
- 你開了十英里的車去買彩券時，在途中因車禍而喪命的可能性是中頭獎的三至二十倍。

不用說，我這輩子從未買過彩券！我才不相信靠運氣能發財哩！

## 為什麼懶人和蠢人都覺得彩券有吸引力？

讓我驚訝的是，就算窮人讀了一則又一則白手起家的富翁故事（不是運動明星或名流，而是「普通人」發大財的真實故事），卻依然告訴自己：「我唯一變有錢的方法就是中樂透。」

重點是，有這種想法的人要麼是懶惰蟲，要麼是蠢蛋，或是兩者兼備。你覺得我太嚴苛了嗎？我不覺得耶。

想像一下這個情境：富人說：「我原本是破產的汽車修理工，負債十萬美元，但我後來參加研討會，學會如何創辦網路事業。五年後，我成了百萬富翁。」

聰明的人會思考：「我想知道他參加了什麼樣的研討會？他是怎麼做到的？我不確定自己能不能學得來。」

但愚蠢的人會想：「網路事業聽起來很複雜，我絕對做不來。」他們不會去思考：如果原本是汽車修理工都能夠學會怎麼做，他們也可能學得會。

懶人聽完，則會找藉口說：「那傢伙應該整天都坐在電腦前面吧，我又不是什麼電腦怪傑。」

事實是，懶人寧願找藉口解釋自己不能做某事的原因，也不肯花心思研究如何靠自己做某事。

所以，懶人和蠢人繼續買彩券（他們結交的朋友也會是這類人），並做著「萬一中獎，該如何花錢」的白日夢。

懶惰和愚蠢的特質，比破產更糟糕。這兩項特質可以說是人類墮落的最低級境界。假如你破產了，但你願意吸收新資訊並做出改變，你就不會長期處於破產的狀態。

## 為什麼彩券中獎者會破產？

理財規劃師認證協會（Certified Financial Planners Board of Standards）表示，有三分之一的彩券中獎者後來宣告破產。這是怎麼發生的呢？

彩券中獎者發大財純屬意外，所以他們感受到的經濟保障其實是一種錯覺。

在此之前，他們還沒培養「把錢花在刀口上」所需的發財思維模式與技能。結果，大多數彩券中獎者把意外之財揮霍在

毫無意義的事，卻以破產收場，有些人甚至走上自殺一途。

為什麼會變成這樣？因為他們只靠運氣發橫財。運氣不足以引領他們走向未來，也無法保證他們能夠永遠保持富裕的狀態。要維持富有，需要的是智慧。

## 為什麼賺夠錢跟運氣沒什麼關聯？

賺夠錢與運氣沒有太大的關係，但與你的天資、技術、能力及知識大有關聯。這對你和我來說，是個好消息！

事實是，如果發大財只發生在人走運的時候，那我們這些人都完蛋了，你現在也不需要讀我寫的這種書了。

我問你：你能培養新的賺錢技能嗎？你願意提升商業方面的敏銳度嗎？你樂意吸收新知識嗎？

這就是為什麼投資自己是你能做出最明智的選擇，因為，你是唯一能掌控自己的人。當你下定決心要學習如何讓自己賺大錢，並承諾將採行你學得的東西時，你的成長，沒有極限。

大多數人都沒有想過自己能致富。他們就只是靜靜地看著別人變有錢，不曾問自己：「我要怎麼學會發財？」

## 即使失去所有錢，我也保證能賺得回來

就算我明天會失去一切，我知道自己有辦法賺回來。為什

麼我這麼有把握？因為我已經
遇過這種事兩次了！

　　目前，我遭遇了**兩次**經濟
困頓。有一次，我差點宣告破
產，好險有朋友和家人伸出援

手。我把錢賺回來後，從錯誤中汲取教訓。我振作了起來，拍
掉身上的塵土。

　　打從一開始，我就有賺錢的動機，並不是碰巧賺到錢。一
旦你擁有如何致富的知識，就不用怕沒機會應用！這才是實際
的經濟保障。

　　不要再妄想錢會從天上掉下來，該面對現實了。捲起你的
袖子，開始努力加強你的天資、技術、能力及知識。

# 迷思 #5：你應該當個守財奴

理財大師老是勸大家要精打細算過日子。我想說，該死的預算！人本來就應該**把握當下**，花錢享受生活，要不然你存錢是為了什麼？

你覺得我在亂說話嗎？我跟你講一則關於我朋友麥克（Mike）與安德莉亞（Andrea）的真實故事，你就明白了。

> **駱鋒語錄 #16**
>
> 賺更多錢，比少花錢還容易。

就在三年前，麥克在一家為餐廳供應食品的公司擔任推銷員，年薪四萬美元。他的妻子安德莉亞做兼職工作，每年大約賺一萬美元，其餘時間專心照顧年幼的孩子。他們每個月都為了繳帳單而苦苦掙扎。

他們迫切地尋求幫助，在教堂參加了由知名理財「大師」講授的「理財工作坊」。這位「專家」告訴他們，想成功致富，不二法門是削減開支並制定更嚴謹的預算。

他們也被告知只能開二手車，不該「在星巴克買昂貴的咖

啡」，應當把存下來的那一點錢投入共同基金，以便從存款中賺取10%利息，這樣就能在六十五歲安心退休，同時在銀行擁有幾百萬美元的存款。

「我不喜歡這種思維方式，」麥克說：「好像一切只著重在限制和匱乏，要我在剩下的人生過得很清苦。這不是我想過的生活。」

麥克因此反過來思考，從一開始就特別留意自己賺錢的方式。他原本工作的那間公司，頂尖推銷員的年薪大約是十萬美元，且通常需要花五到十年才能達到這個水準。

然後，他注意到這些頂尖推銷員有某些作法讓他感到困擾。他告訴我：「我發現他們在星期一招攬顧客下單的數量，跟我一整週招攬的一樣多。」

他漸漸發覺，那時候，即使這些優秀員工賺到不少錢，卻累得像條狗。

為了「賺大錢」，一流的推銷員每週要工作七十個小時，且無可避免地要應對隨著客戶數量增加而帶來的壓力。麥克終於領悟到，在這間公司當一個優秀推銷員的「投資報酬率」太低，於是他開始另尋出路。

他一直都對行銷很感興趣，於是想回大學攻讀行銷學位。「輔導員請我坐下來後，基本上就是勸我打消念頭，」他笑著說：「他告訴我讀夜校要花整整五年的時間，對我的家庭生活也是一場磨難。更何況，即使我畢業了，也不能保證每年能賺

到七萬五千美元以上。我還要花好幾年才能繳清學生貸款。」

　　他依然不知道該怎麼辦，直到他與餐廳客戶交談後，才出現了轉機。他向客戶透露，他對行銷非常感興趣，就在那一刻，客戶遞給他一卷錄音帶，從此改變了他的生活。

　　客戶說，她去參加食品展時，聽到一場關於餐廳獨特行銷技巧的演講。這位「行銷大師」為了幫自己的餐廳爭取餐飲服務的工作機會，寄出一些超級無敵冗長的推銷信，結果他擊敗了競爭對手。

　　「那卷錄音帶我聽了至少十遍，」麥克說：「最讓我感興趣的是，竟然有人寄出推銷性質的長信後，吸引到新客戶主動打電話。」雖然麥克是推銷員，他只知道兩種招攬客戶的方法：一種是「踏破鐵鞋式」的陌生推銷，另一種是「打電話找錢」式的陌生推銷。他繼續鑽研那位行銷大師的相關資料，並開始研究其他運用類似技巧的人。

　　這天，距離那時候剛好三年，麥克和安德莉亞都在家工作，擔任第一線回應的文案寫手，為各領域的企業編寫長篇推銷信，等候名單上的企業至少要等上六週。事實上，由於他們的業務量太大，現在只好將業務外包給其他文案寫手。「今年，我們的文案業務很容易就能讓我們賺到25萬美元以上。」麥克說。

　　讓人意想不到的是，麥克和安德莉亞不需要上大學就能學會這種寶貴的技能。「我們花了1,500美元上課，學到該怎麼

做。幾個月內，我們就賺到不少錢了。過去兩年來，我們提高價格五次，但客戶還是不斷回頭找我們，並把其他人介紹給我們，所以我們不需要花半毛錢打廣告。」麥克說。

另外，他們在家工作，隨時可以休假。「有時候，我在餐廳會看到推銷員在做我以前的工作，然後我會默默禱告，感謝上蒼讓我脫離以前的工作！」麥克說。

## 省下的錢就像擺著好看的貨幣

「別浪費錢，要克制欲望，要省吃儉用。把信用卡剪掉吧，要量入為出。別在早上喝拿鐵咖啡，省下那幾美元吧。」

「省錢即賺錢。」胡說！省下的一分錢，就只是擺著好看的貨幣罷了。

麥克和安德莉亞之所以能成功，是因為他們沒有選擇縮衣節食。他們說：「關別人屁事！」

他們反其道而行，決定學習創造高收入的新技能，藉此改變經濟狀況。更妙的是，他們並不需要上大學就能學會這項技能：他們只花了 1,500 美元上撰稿課程，然後就開始實踐了。我超愛這則故事！

現在，他們終於能過著期待已久的生活，而且他們還很

> **駱鋒語錄 #17**
>
> 專心賺錢，但別精打細算地過日子。

年輕。他們每年度假三到四次，不只是因為他們有錢，也沒有
混帳老闆命令他們什麼時候才可以休假，或不准休假！只要他
們想度假，隨時都可以啟程。

你也應該這樣過日子。只要你有充裕的資金，應該要能夠
盡情購物和旅遊。

大多數人不明白的是：要先像大富豪一樣思考和生活，才
能成為大富豪。

我並不是勸你常刷信用卡或向別人借錢，也不鼓勵你花錢
如流水。只要你的收入持續增加，就應該跟著調整心態，去買
自己想要的東西。你問我這合理嗎？我倒想問你，一般人努力
工作，不就是為了買到能帶來快樂的東西嗎？

無論你在哪裡生活，我相信你一定遇過愛抱怨食物價格、
汽油價格或電費的人。我的建議是：別擔心這些事，反正你也
管不著。

更何況，你為什麼要擔心自己無法控制的事呢？你能掌控
的事，就是改變自己的財務狀況。等你花錢的速度跟不上賺錢
的速度時，像食物需要花多少錢這種煩人的事情就不重要了。

想知道麥克和安德莉亞是怎麼過上「半退休」的文案寫手
生活嗎？

請點進網址：HighIncomeCopywriter.com

## 我超愛信用卡

我有一張信用卡是「TD至尊旅行Visa無限卡」，可以用來累計旅遊積分。我獲得了許多可以兌換免費旅行的積分，所以我很喜歡使用這張信用卡，也喜歡用這張卡購買一些昂貴的物品。

我沒有卡債，因為我每個月都會繳清款項。我超愛刷信用卡，反正花錢又不是什麼壞事。

與其剪掉信用卡、量入為出、老是感覺自己很窮，還不如努力致富。只要事業和投資的現金流充足，你想買什麼就可以買什麼。

等你賺到很多錢，而且你只需要花掉收入的15%到20%時，預算編制就顯得沒那麼重要了，不是嗎？

更何況，如果你不打算花錢，那幹嘛賺錢？你存錢是為了什麼？要存到往生嗎？只為了傳給繼承人？

## 為什麼省吃儉用會阻礙你致富？

我的意思是不要存錢嗎？**當然不是**。因為不存錢的話，就沒有足夠的資金去投資、經營企業或創業，你也要有儲備金來因應不時之需，但我想說的重點不是這些。

我想傳達的是，為什麼你不在追求財富的同時好好享受這

段旅程呢？別為小事操心。如果你的時間都花在精打細算，就不太可能專心創造財富。只要你賺到充足的資金，就不必計較每一分錢了。

你不知道有些人就是喜歡錙銖必較嗎？他們看起來通常是什麼樣子？

你可以從他們的臉上看出，他們很不快樂，散發著鬱悶的氣息，因為他們堅守自己擁有的每一毛錢。他們蒐集優惠券；不惜開好幾英里的車，只為了買更便宜的汽油；甘願在黎明時分排隊，只為了買特價品。他們甚至會為了省幾塊錢，而不肯和朋友出去吃飯。總歸一句話：他們無法好好享受生活。

錢只是一種工具：一種讓你得到想要的東西的媒介。所以你不應該為了省下幾塊錢，而犧牲生活品質、成就感或樂趣。

即使我手頭拮据，還是會試著「富養」（不「窮養」）自己，比方說我會到五星級飯店買一杯咖啡或茶（我負擔得起的飲品），然後坐在大廳。我也會在飯店內「閒逛」，讓自己沉浸在那裡的氛圍。

當我必須去機場時，不像多數人從家裡預約計程車，而是坐豪華轎車。

抵達機場時，你覺得坐豪華轎車和搭計程車有什麼不同？當然有很大的區別。你坐豪華轎車時，別人會看著你

> **駱鋒語錄 #18**
>
> **許多人節儉度日，直到破產那天。**

說：「哇，他一定是大人物。」同理，我這樣做也是在訓練自己習慣富裕的生活風格。

其實，坐豪華轎車沒有比搭計程車貴多少。從我住的地方搭計程車到機場，需要花50美元；坐豪華轎車的話（是加長型豪華轎車，不是小型車喔），不用花到95美元，所以比兩倍價格少一點。

那麼，我有必要花這種額外費用嗎？沒必要，但我想做的是讓自己習慣致富後的思維模式。我想把心態調整為：我值得獲取美好的東西，也值得享受生活中更美妙的事物。

## 我從瘦皮猴身上學到的一課

如果你和我相處過一段時間，很快就會發現我不是小氣的人。法蘭克·辛納屈（FRANK SINATRA）*覺得服務不錯時，習慣留下一百美元的小費。那些錢原本可以用來買其他東西。

所以，我在餐廳吃飯時，只要我對服務生的服務很滿意，也會多給一些小費，有時高達餐費的30%。我這樣做不只是因為我有很多錢，以前我

> 駱鋒語錄 #19
>
> 就算我很缺錢，也不要過得像個窮人。

---

\* 著名的美國歌手和奧斯卡獎得獎演員；綽號為「瘦皮猴」。

沒那麼多錢時，也會這樣做。當時，我常去的餐廳跟我現在去的一樣奢華。

我覺得服務不錯時，就會想給小費。為什麼呢？因為我以前沒那麼多錢時，我的思考方式就像個有錢人，我才不要當那種小氣巴拉的討厭鬼。我一直都相信有大量的資金在流動，也相信自己和其他人能獲得充足的資金，我一定能賺到更多錢。

## 活學活用

請快速完成以下句子，不要費心思考。請別刪改你想到或寫下的內容，直接把你腦海中最先出現的想法寫下來。

1. 如果我買得起，我會＿＿＿＿＿＿＿＿＿＿＿＿＿
2. 如果我買得起，我會＿＿＿＿＿＿＿＿＿＿＿＿＿
3. 如果我買得起，我會＿＿＿＿＿＿＿＿＿＿＿＿＿
4. 假如我不是守財奴，我會＿＿＿＿＿＿＿＿＿＿
5. 假如我不是守財奴，我會＿＿＿＿＿＿＿＿＿＿
6. 假如我不是守財奴，我會＿＿＿＿＿＿＿＿＿＿
7. 我擔心自己不存錢的話，就會＿＿＿＿＿＿＿＿
8. 我擔心自己不存錢的話，就會＿＿＿＿＿＿＿＿
9. 我擔心自己不存錢的話，就會＿＿＿＿＿＿＿＿

# 迷思 #6：致富沒有捷徑

每當我在會議上發言，說出「快速發財」時，台下的聽眾就會表現出明顯的負面反應。

他們的臉部表情好像在暗示我：「怎麼可能，你**不可能**快速發財。」

大多數人的內心都根深蒂固地認為：如果一件事聽起來難以置信，就不值得相信。凡是有「快速發財」暗示的理念，就**一定**是騙局。

我問你，如果你想發財，不是應該可以選擇你期望的「速度」執行嗎？慢慢的發財，是能獲得紅利點數嗎？快速致富有什麼不對？

## 誰會快速發財？

也許你在想：「誰會快速發財？」我不是指那些簽下幾百萬美元合約的體育界新秀，或是被星探發掘並一夜成名的流行

歌手。這類人是萬中選一,機率低到幾乎跟中樂透頭獎差不了多少。

　　一般人無法藉著遵循這些人的「模式」而得到同樣的結果。不幸的是,這類「名人」通常最能吸引媒體注意,所以一般人會以為他們是快速致富唯一的「合理」典範,但事實並非如此。

　　我認識非常多「普通人」在很短的時間內從窮人蛻變成富豪,他們是怎麼辦到的呢?

　　有不少人從事業中賺到可觀的財富;有些人是從股市大賺一筆;還有人在不動產領域發大財。至於他們是如何辦到的,因人而異。你需要記住的是:一般人確實有辦法致富。差別在於,有名的運動員或歌星擁有大多數人欠缺的天賦和技能,但鮮為人知的白手起家者才是更適合我們的榜樣,因為一般人能模仿他們實現目標的方法。

　　你可以仿效發家致富的人,多讀關於他們的文章,找機會跟他們聊聊,並盡力跟上他們的腳步。成功有跡可循,你可以追隨成功者留下的足跡,直到你做出成果!(事實上,這是更可能看到成效的辦法。)

## 為什麼慢慢的發財行不通?

　　「慢慢的發財」很荒唐,但你經常會看到有人接受這種概

念。不知從哪裡冒出的傻瓜有這樣的想法：一般人「合理」致富的唯一途徑，就是慢慢來。

書店和圖書館充斥著各種理財書籍，告訴你要一點一滴地投資，讓複利的奇蹟發揮「魔力」。

也就是說，只要你每個月投資一點點錢，十年、二十年或三十年後，就能獲得複利效應帶來的幾百萬美元。再過幾十年，你就能發大財。

這些理財顧問談論的是：如何從你現有的收入水準達到致富的目標。他們鼓勵你存錢、量入為出、將10%收入投資到共同基金或退休金，這樣一來，三十年後你就會變得很有錢。

所以基本上，他們鼓勵你大半輩子都當個**窮人**，然後你可以在過世的前幾年變成**有錢人**——那時，你已經年老體衰了。這簡直是瘋話，你覺得聽起來是不錯的計畫嗎？拖到工作四十年後，才開始實現你的願望和夢想？

你老實跟我講，這是你真心想採取的方法，還是別人告訴你應該要這樣做？

事實是：在我認識的幾百位大富豪當中（甚至是少數我見過的億萬富翁），沒人透過這種方式發財，我也不知道誰真的靠這種方式致富。

從來沒聽說過。

當然，複利在理論上聽起

> **駱鋒語錄 #20**
>
> 賺錢的速度夠快，才有加乘效果。

來不錯，但很少人會有紀律和耐心去等三十年、四十年才致富，至少我很肯定自己不願意等！太不切實際了。我相信有些人能自律地等待，但我還沒遇過這種人。

## 為什麼謹慎行事只是安全感的假象？

許多人從小就被灌輸，生存的「目標」是去上學、找一份好工作，以便在六十五歲時可以退休。照理說，這是很可靠的做法，對吧？

不，你猜錯了。

有一天，我看到一位老太太在麥當勞工作。此時，她處於「黃金歲月」，卻為麥當勞效勞。為什麼？我也不知道。可能是她的先生很早就過世了，她沒有收入來源可以維持生計，也或許她的工作技能，只能讓她領到最低薪資。

隨著嬰兒潮世代的年紀增長，愈來愈多人記取的教訓是，他們沒有足夠的錢能退休。雖然他們想不要工作、享受期盼已久的退休生活，卻做不到。想像一下，雖然很想要環遊世界，但你為了過活，只能繼續每天在沃爾瑪（Wal-Mart）打卡上下班的心情！

更糟的是，他們的生活費持續增加──像是汽油、燃料油、食品、醫藥等費用。而且，變得愈老，他們賺錢的能力也跟著變差，到了那個時候，他們能做的事已經不多了，至少在

傳統的工作環境是如此。

另外，更慘的情況是，即使嬰兒潮世代做好了準備，他們的退休夢想也在最近一次的股市崩盤中化為泡影。我有一個朋友月復一月、年復一年，把積蓄存入退休基金，卻因為雷曼兄弟的倒閉而傾家蕩產。就這樣，他一生的積蓄化為烏有。

這都是因為一些貪婪的華爾街銀行家在高風險投資上反覆無常，我朋友的退休夢想才會破滅。他告訴我：「駱鋒，我現在真的不知道該怎麼辦，我的錢全沒了。」

也許你讀到這裡時，正好也發現自己的401（k）退休福利計畫*因為近期的股票暴跌而削減一半（或更糟）。或者，你可能發現父母或其他人也遇到同樣的狀況。

教訓很明確：安全感只是一種假象。沒有所謂的「鐵飯碗」，在你的黃金歲月階段，也沒有可以依賴的「保障退休金」。沒有準備好「B計畫」，就直接把所有錢押在401（k）退休福利計畫，簡直是把自己引上絕路。

你唯一能倚仗的「鐵飯碗」，就是你自己。我的意思是：你把退休的期望和夢想寄託在工作、退休基金計畫、配偶或401（k）退休福利計畫時，你基本上是把控制權交給其他人，失去了主控權。

---

* 美國於一九八一年創立的一種延後課稅的退休金帳戶計畫

但如果你說：「事情變成這樣，那就看我怎麼決定吧。」則是掌控了自己的財務進展。你開始從不同的角度思考如何自學，並換個方式看待風險。突然間，創業這件事似乎沒那麼「危險」了。實際上，創業會愈來愈像讓你放心的事，因為這本來就是事實。

## 富人究竟是如何致富的

就像我之前說過的，我認識的那些大富豪都是從事業或投資中發財的，大多時候兩者兼備，也多半在短期間內（三到七年）就賺夠錢，不一定要花很長的時間（三十到四十年）。

有效的方法如下：

一、大幅提高你的收入。

二、擁有一個能讓你運用其他人的時間、知識及精力的企業，這樣一來，你便能「躺著賺錢」。

三、將多餘的現金投資到快速成長的標的。

這些是我的做法，也是許多有錢人的做法。雖然不是所有富豪都這樣做，但很多富豪都採取這些方式。所以我可以告訴你：這些是**正確**又**明智**的方法。

# 快速發財，還是慢慢發財？

　　如果你能夠選擇（你當然有選擇權），幹嘛選擇慢慢發財呢？你為什麼不想快速發財？

> **駱鋒語錄 #21**
>
> 有錢人就像進行投資的企業家。

　　我們先講清楚：當我說「快速發財」時，我不是叫你相信某種計謀——像是把錢投入所謂的「難得機會」，但其實是未經證實的把戲（甚至可能違法），目的是得到高得嚇人的投資報酬。相信的人是白痴，我不鼓勵這種詭計。

　　我強調的是提升自己、培養多種技能及商業敏銳度，成為一位配得起萬貫家財的人——也就是有能力快速創造財富的人。這才是我想說的重點。

> **駱鋒語錄 #22**
>
> 領著五萬美元年薪，無法讓你變成富豪。

## 活學活用

一、你需要取得哪些資源和新知識，才能賺夠錢？

二、為了賺夠錢，你需要培養哪些新技能？

三、列出五項會妨礙你賺夠錢的習慣（提示：拖延、害怕
冒險、不願意進修、沉迷看電視、注意力不集中、缺
乏自律能力、無法堅持到底）。

1.＿＿＿＿＿＿＿＿＿＿＿＿＿＿＿＿＿＿＿＿＿＿＿
2.＿＿＿＿＿＿＿＿＿＿＿＿＿＿＿＿＿＿＿＿＿＿＿
3.＿＿＿＿＿＿＿＿＿＿＿＿＿＿＿＿＿＿＿＿＿＿＿
4.＿＿＿＿＿＿＿＿＿＿＿＿＿＿＿＿＿＿＿＿＿＿＿
5.＿＿＿＿＿＿＿＿＿＿＿＿＿＿＿＿＿＿＿＿＿＿＿

現在，請想出至少兩種替代方案來取代每個舊習慣。

舊習慣：
替代方案1＿＿＿＿＿＿＿＿＿＿＿＿＿＿＿＿＿＿＿＿
替代方案2＿＿＿＿＿＿＿＿＿＿＿＿＿＿＿＿＿＿＿＿

舊習慣：

替代方案1＿＿＿＿＿＿＿＿＿＿＿＿＿＿＿＿＿＿＿＿＿＿＿

替代方案2＿＿＿＿＿＿＿＿＿＿＿＿＿＿＿＿＿＿＿＿＿＿＿

舊習慣：

替代方案1＿＿＿＿＿＿＿＿＿＿＿＿＿＿＿＿＿＿＿＿＿＿＿

替代方案2＿＿＿＿＿＿＿＿＿＿＿＿＿＿＿＿＿＿＿＿＿＿＿

舊習慣：

替代方案1＿＿＿＿＿＿＿＿＿＿＿＿＿＿＿＿＿＿＿＿＿＿＿

替代方案2＿＿＿＿＿＿＿＿＿＿＿＿＿＿＿＿＿＿＿＿＿＿＿

舊習慣：

替代方案1＿＿＿＿＿＿＿＿＿＿＿＿＿＿＿＿＿＿＿＿＿＿＿

替代方案2＿＿＿＿＿＿＿＿＿＿＿＿＿＿＿＿＿＿＿＿＿＿＿

| 第9堂 |

# 迷思 #7：努力工作才能賺到錢

在你認識的人當中，有沒有那種非常努力工作卻賺不了多少錢的人？如果努力工作是致富之道，為什麼我認識的清潔工不是百萬富翁？你要知道，光有良好的職業道德，是無法讓你賺大錢的。

許多人經常被灌輸的觀念是，只有努力工作、奮鬥並忍受一道又一道關卡，才能真正賺到錢。

只有在這些時候，你才會受到世人「表彰」，這也是「血汗錢」的由來。就好像你得要辛苦地賺錢，才會受到別人的肯定。為什麼你要相信這種鬼話？

想想看：你去銀行存錢時，行員會不會問你：「先生／女士，你要多麼努力工作才能賺到這些錢？」或「抱歉，我們不能接受這筆存款，因為你不費吹灰之力就賺到這筆錢了。」他們只想知道你有多少錢，才不在乎你是付出多少努力賺到這筆錢的。

　　或者，假設今天是你的生日，你想買一輛跑車。汽車銷售員不會在乎你付的錢是不是得來毫不費力。我買路易威登（Louis Vuitton）的商品給女友時，我很確定她不知道錢從哪裡來的，而且她根本不在乎。

　　你有能力讓孩子上頂尖的大學時，孩子也不會在乎你是不是為了賺錢而拚死拚活，或是你很輕鬆就賺到錢了。

　　更確切地說，我們來比較兩個男人好了：假設他們都賺很多錢，你覺得誰更像好老公和好爸爸？

　　是那位每週工作八十到九十個小時、很少待在家，即使待在家也疲憊不堪、生病或專心工作的人……

　　還是那位每週只工作二十到三十個小時，或在家工作、完全掌控自己的時間表、**能夠**撥出時間按優先順序處理重要的人際關係、照顧自己的身體，而且不常沉浸在工作中或擔心工作的人？

　　答案很明顯吧。

　　但我不是在說努力工作的男人無法成為好老公和好爸爸。畢竟，考慮到目前的大環境，在工作上盡心盡力的人都值得備受尊重。我也不是在說有更多閒暇時光的男人一定是好老公和好爸爸，因為他們當中也可能有王八蛋。

　　不過，仔細想想上述的情景，你不覺得能輕鬆賺錢的男人，更有潛力勝任好老公、好爸爸的角色嗎？

　　結論：你和其他人領一樣的薪水時，即使你更努力工作，也不會得到額外的獎金。但我不是勸你別努力工作，而是建議你：如果你真的想賺大錢，就要把精力花在真正重要的事上。

　　我希望你換個角度思考錢的概念，懂嗎？賺錢的過程不一定要很費勁，但你也不必放慢賺錢的速度。無論如何，你都得努力工作的話，不妨讓自己變得有錢，而且愈早愈好。

## 馬上開一個「輕鬆賺」帳戶吧

　　我有兩個銀行帳戶：「血汗錢」帳戶和「輕鬆賺」帳戶。「輕鬆賺」帳戶裡的錢都是我從剩餘所得衍生出來的，不太需要我實際付出勞力。

> **駱鋒語錄 #23**
>
> 別只是埋頭苦幹，要用聰明的方法努力工作。

　　等到你能夠「輕鬆賺錢」，花錢時就沒必要覺得內疚了，不是嗎？

　　有一次，我在母親節買了一艘超豪華的郵輪送媽媽（她出身貧困，從來沒坐過郵輪）。她說：「駱鋒，我不希望你把辛苦賺來的錢花在我身上。我不需要郵輪，你這是在浪費錢。」

　　我笑著回她：「媽媽，別擔心。我有一個輕鬆賺錢的帳戶，花的錢都是我沒費多大勁就賺來的。」

## 如何輕鬆賺錢？

不管你做什麼工作、有多麼喜歡自己的工作、薪水有多少，只要你必須計算每小時的工資，就不算是輕鬆賺錢。

即使你在班傑利（Ben & Jerry's）公司擔任冰淇淋測試員，每小時能賺到一千美元，也不符合我對輕鬆賺錢的定義。但如果他們要聘請我，也許我會同意上班一天。

所謂的輕鬆賺錢，是指你利用別人的時間、知識及精力，讓自己在睡覺時也能賺錢。當你運用自己的智慧，不靠體力勞動來賺錢時，錢就會自然湧向你。

等你不需要親自出馬或直接參與賺錢時，你就是在「輕鬆賺錢」了。

## 「一勞永益」

你可以找到各種如何利用其他人的付出和技能來創造收入的方法。舉個例子：經銷合作夥伴幫我推銷產品後，我在網路上就賣掉了價值幾百萬美元的產品。過程中，我展現出運用多種槓桿後的力量。

> **駱鋒語錄 #24**
>
> 善用槓桿！盡量多找一些你不必直接控管就能賺錢的方法。

一、我只創造了一次產品，但每次有人買，我就能得到報酬。所以我只做一次工作，卻能一次又一次獲得報酬，這就是槓桿。

二、我實際上是靠著整合採訪其他人的內容，來創造出一些產品。所以我不必自己想內容，只需要利用別人的專業知識來創造產品，就能讓錢輕鬆入袋。

三、我的平面設計、網站以及推銷信都是交給別人做，也就是利用不同人的技能，以專業又快速的方式完成事情。

四、我利用聯盟行銷平台推廣產品。只要產品售出，我就會支付傭金給經銷合作夥伴。所以我能夠利用幾千名網站擁有者的時間、精力和影響力。

　　我只是舉出簡單的例子，讓你了解如何發揮槓桿作用來達到「一勞永益」的效果。我對槓桿作用的定義就是：以最少的精力產生最大生產力。

　　約翰・戴維森・洛克斐勒（John D. Rockefeller）說過：「我有許多賺錢的方法，是你連想都沒想過的。」只要你肯花時間和精力去學習，就會發

> **駱鋒語錄 #25**
>
> 槓桿作用，就是以最少的精力產生最大生產力。

現有很多方法可以讓你賺到應得的錢，而且你不需要毫無止境的工作。等到你了解這些資訊後，真的沒必要繼續堅守陳腐的觀點。

## 活學活用

　　腦力激盪出至少二十種不需要加倍努力工作，就能創造更多收入的方法。檢查一下你寫下的方法，並標出你覺得最重要的點子。

1.＿＿＿＿＿＿＿＿＿＿＿＿＿＿＿＿＿＿＿＿＿＿＿

2.＿＿＿＿＿＿＿＿＿＿＿＿＿＿＿＿＿＿＿＿＿＿＿

3.＿＿＿＿＿＿＿＿＿＿＿＿＿＿＿＿＿＿＿＿＿＿＿

4.＿＿＿＿＿＿＿＿＿＿＿＿＿＿＿＿＿＿＿＿＿＿＿

5.＿＿＿＿＿＿＿＿＿＿＿＿＿＿＿＿＿＿＿＿＿＿＿

6.＿＿＿＿＿＿＿＿＿＿＿＿＿＿＿＿＿＿＿＿＿＿＿

7.＿＿＿＿＿＿＿＿＿＿＿＿＿＿＿＿＿＿＿＿＿＿＿

8.＿＿＿＿＿＿＿＿＿＿＿＿＿＿＿＿＿＿＿＿＿＿＿

9.＿＿＿＿＿＿＿＿＿＿＿＿＿＿＿＿＿＿＿＿＿＿＿

10.＿＿＿＿＿＿＿＿＿＿＿＿＿＿＿＿＿＿＿＿＿＿＿

11.＿＿＿＿＿＿＿＿＿＿＿＿＿＿＿＿＿＿＿＿＿＿＿

12.＿＿＿＿＿＿＿＿＿＿＿＿＿＿＿＿＿＿＿＿＿＿＿

13.＿＿＿＿＿＿＿＿＿＿＿＿＿＿＿＿＿＿＿＿＿＿＿＿＿

14.＿＿＿＿＿＿＿＿＿＿＿＿＿＿＿＿＿＿＿＿＿＿＿＿＿

15.＿＿＿＿＿＿＿＿＿＿＿＿＿＿＿＿＿＿＿＿＿＿＿＿＿

16.＿＿＿＿＿＿＿＿＿＿＿＿＿＿＿＿＿＿＿＿＿＿＿＿＿

17.＿＿＿＿＿＿＿＿＿＿＿＿＿＿＿＿＿＿＿＿＿＿＿＿＿

18.＿＿＿＿＿＿＿＿＿＿＿＿＿＿＿＿＿＿＿＿＿＿＿＿＿

19.＿＿＿＿＿＿＿＿＿＿＿＿＿＿＿＿＿＿＿＿＿＿＿＿＿

20.＿＿＿＿＿＿＿＿＿＿＿＿＿＿＿＿＿＿＿＿＿＿＿＿＿


為了實踐這些點子，你需要找誰討論？

| 第10堂 |

# 迷思 #8：必須先做好萬全的準備

你有沒有聽過一句話：「成功是留給機會來臨時，做好準備的人。」

但我想告訴你：無論你做了多少準備，都無法在每一次機會出現前做好充分的準備。如果你在抓住機會前，等待的是完美條件，那你得一直等到過世那天。

我辭職時，沒有做好準備；我創業時，沒有做好準備；我第一次架設網站時，沒有做好準備；我第一次寫書時，沒有做好準備；我要在幾千位觀眾面前演講時，沒有做好準備；我第一次賺到一百萬時，沒有做好準備。在我的人生中，每次出現重大機遇時，我幾乎都還沒做好準備，但我無比自在。

我很欣賞節目《倖存者》（*Survivor*）和《學徒》（*The Apprentice*）的製作人馬克・布奈特（Mark Burnett），他在《做就對了》（*Jump In!: Even If You Don't Know How to Swim*）一書中，概括了自己的商業理念：「沒有十全十美的事，也沒有人可以做好萬全的準備。你頂多只能預期自己對計畫有五成

把握，並了解自己和團隊都願意卯足全力克服無可避免的問題，但一定會出現問題。」

阻礙一般人達成目標的另一件事，就是經常想著：「我不知道該怎麼做。」而我的回應是：你在做一件事之前，不需要知道怎麼做！

> **駱鋒語錄 #26**
>
> 有錢人會主動去接觸原本不知道該怎麼做的事，直到學會的那天。

為了方便討論，我們先假設你一年後不得不參加一場馬拉松，但不能閱讀相關書籍，也不能買特殊裝備，甚至不能向其他參賽者諮詢意見。但你還是得做好準備，因為你知道一年後要參賽。

我的問題是：你還能為這場馬拉松做什麼準備嗎？當然可以！怎麼做？穿上你的運動鞋，開始跑吧！你可以邊跑邊學。

一般人往往把自己對未知的恐懼當成「無所作為」的藉口。這就是所謂的「分析癱瘓」（paralysis of analysis）。你經常可以在研討會上看到這種情況：大家參與一場接著一場的研討會，在還沒開始討論之前就急著預設「答案」。結果，他們從未真正進行討論，只是憑著自己學過的知識來判斷，非常害怕犯錯。

我不是叫你別求取知識，只是建議你不要鑽牛角尖，可以邊做邊思考，起身做點事吧。

答案總是會在你努力的過程中出現。

## 你需要教孩子怎麼走路嗎？

想想看，在孩子試著站起來走路之前，你不必「教」孩子怎麼走路。他們不需要看走路教學的DVD或參加研討會，也不會問父母：「要怎麼走路？」

不需要。直到某天，他們會突然厭倦了爬行，決定要站起來走路。他們會抓著附近的堅固物體，自己練習走路。

過程中，他們可能會撞到家具、摔跤，有時還會撞傷、割傷或擦傷。但他們不在乎。為什麼？只因為他們想走路！

所有人都是這樣展開人生的，但隨著年紀增長，有些事發生了變化。我不能確定是什麼事，但也許是我們體驗到「真正的生活」前，教育體制讓我們在教室待了超過十二年。許多人認為在實際「做」某件事之前，必須接受全面的教育。

以前不是這樣的。幾千年來，職業基本上是以學徒制的形式由男人傳授給男孩。

男孩在二十一歲前都有「師傅」，師傅會教他們怎麼從事特定的行業——不是在教室內，而是在工作場所學習。也就是說，學徒「從做中學」，不是只「聽命行事」。

## 學校培養不出專業人才

我不是在抨擊教育界,但事實是,學校根本不是培養專業人才的地方。人生沒有「畢業」的那一天,你永遠都無法「畢業」,因為總有學不完的事。

你始終要保持即戰力,永遠如此。我有一千多本藏書,因為我想當人生贏家,於是親近那些我認為有資格發言的人——閱讀他們寫的書或聽他們說話。

每次有人問我:「你念過MBA嗎?」我一律回答:「我念過,但不是一般的MBA學位。我的MBA是『發大財帳戶』——Massive Bank Account。」

這個帳戶就是我的資格證明。我從充滿沉重打擊的「學校」畢業,而我從中學到的有用知識都是來自親身經歷。經驗教我許多在學校學不到的東西,就像我在這本書傳授給你的知識一樣。

> **駱鋒語錄 #27**
>
> **事業才是學習的終極學校。**

我不相信你能在學校圖書館找到我寫的這種書,我也一直很納悶為什麼學校老師不教學生如何致富。也許我永遠都不會知道原因。

## 不必等「天時、地利、人和」，三缺一是常態

《祕密》（*The Secret*）的DVD和書是很罕見的「自救教材」範例。

二〇〇六年發行後不久，人人都在談論《祕密》，甚至包括歐普拉（Oprah）和賴瑞・金（Larry King）。從行銷的角度來看，我認為《祕密》是出色的商品，也有一點娛樂效果。

基本上，《祕密》的內容是由一群高尚的勵志大師對著攝影機講話，談論「吸引力法則」如何神奇地引導你成功。他們只是坐在那邊，利用「障眼法」讓人以為致富的秘訣是：只要正向思考，宇宙就會幫助你發財。

這就好像在說：如果我想減肥，只需要坐在家裡，想像自己變得苗條又健康的樣子。只要我夠努力想像願景，我就能成功減肥，胡說八道。

所以，我是在勸你不必保持積極的心態嗎？當然不是。如果你真的想成功，**一定**要從正向思考做起，但這只是開端。

不只要有良好的態度，還要顧慮其他要素——必須結合相配的能力。

一般人寧願聽到溫馨又模稜兩可的廢話，偏偏這些廢話是彌天大謊。

我之前參加一場不動產研討會時，坐在我旁邊的人告訴我：「我參加過十場不同的不動產研討會。我學會如何在零頭

期款的條件下買不動產,也學會怎麼處理租賃權、如何談判、如何找到目標明確的賣家等等。我跟著這些講師和教練學習,已經有很長的一段時間了。」

我說:「太好了,那你買了多少地產?」

突然安靜了下來。

我又問了一次:「你買了多少地產?」

「還沒買。」他不好意思地回答。

你看吧,許多人讀書、參加研討會時,總是希望在採取任何行動之前得到標準答案,或先把所有事安排妥當。他們害怕犯錯,不敢展開行動。

> **駱鋒語錄 #28**
>
> 預備——射擊——射擊——射擊——瞄準一點,再射擊!

但你知道嗎?你能從錯誤中**學習**。其實,犯錯是一件很棒的事!因為這代表你一直在進步,也代表你在嘗試新的事物。開始做事之前,你不一定要知道相關知識。知識本身不具力量,不過是等著被應用的儲備力量。如果你不將知識轉化成行動,知識就毫無作用,只有實際應用的知識才具備力量。

大家都遇過這種事:看電視或翻閱航空公司的商品型錄後,想著:「喂!他們偷走了我的點子!」或更好聽一點:「我十年前就想到了!」

你知道嗎？別人之所以能從你的想法得到好處，就是因為你太懶了，遲遲沒有採取行動。

如果不動起來，就算你想出了世界上最傑出的點子或計畫，最後還是一場空。但是，不夠周全的想法和不完整的計畫伴隨著足夠的行動，通常能收到成效。

採取大規模的**持續**行動吧，然後，你會發現自己受了好幾次傷，還犯了一些錯，那又怎樣？你要學著適應失敗。請記住：你不必把事情做對，只要持續進行就可以了。

> **駱鋒語錄 #29**
>
> 如果不採取行動，想法就一點用都沒有。

## 活學活用

**請完成下方的句子，共寫五句。**

假如我知道自己不會失敗，我就會……

1.＿＿＿＿＿＿＿＿＿＿＿＿＿＿＿＿＿＿＿＿＿＿

2.＿＿＿＿＿＿＿＿＿＿＿＿＿＿＿＿＿＿＿＿＿＿

3.＿＿＿＿＿＿＿＿＿＿＿＿＿＿＿＿＿＿＿＿＿＿

4.＿＿＿＿＿＿＿＿＿＿＿＿＿＿＿＿＿＿＿＿＿＿

5.＿＿＿＿＿＿＿＿＿＿＿＿＿＿＿＿＿＿＿＿＿＿

**請完成下方的句子，共寫五句。**

假如我有符合賺大錢資格的技能、智慧及人脈，我就會……

1.＿＿＿＿＿＿＿＿＿＿＿＿＿＿＿＿＿＿＿＿＿＿＿＿＿＿＿

2.＿＿＿＿＿＿＿＿＿＿＿＿＿＿＿＿＿＿＿＿＿＿＿＿＿＿＿

3.＿＿＿＿＿＿＿＿＿＿＿＿＿＿＿＿＿＿＿＿＿＿＿＿＿＿＿

4.＿＿＿＿＿＿＿＿＿＿＿＿＿＿＿＿＿＿＿＿＿＿＿＿＿＿＿

5.＿＿＿＿＿＿＿＿＿＿＿＿＿＿＿＿＿＿＿＿＿＿＿＿＿＿＿

# 第三部

# 老子有錢的思維模式

## | 第11堂 |

# 多愁善感的人無法致富

　　每個人都能發大財嗎？不可能。事實上，只有少數人才能發大財，且通常都是想法和行為與眾不同的人。

　　不是所有人都是命中注定能致富，或都渴望賺大錢。如果你不想發財，那也沒關係，有些人就是沒有發財命，但也不會因此變成壞人。如果你也沒有發財命，不必自責。

　　活出你想演的角色吧。如果你對手頭上能勉強糊口的錢感到心滿意足，那就只買你覺得還過得去的東西，或乾脆等到下次領薪水再買，我沒意見。

　　但如果你想賺大錢，也想在剩下的人生過著財務自由的生活，你一定要「鐵了心」，不能抱著「過水」心態，要許下決不反悔的承諾。

　　你不該一整週只是光喊著：「我要發大財。」然後下週卻改口說：「算了，這真他媽的太難了。」

　　你要麼幹下去，要麼轉身離開。每一天，你都要遵守承諾，直到你被打趴為止。這筆交易，沒有讓你試探的餘地。

> **駱鋒語錄 #30**
>
> **致富的秘訣在於，長期投入一種理念。**

你應該把「賺夠錢」列為人生的首要目標，這樣你才能盡快在有限的能力範圍內實現目標。

大多數人都沒有許下這種承諾。他們不曾打算變成有錢人，即使想過，也缺乏致富所需的素質。

看看你身邊的人，就能了解為什麼有95%的人破產或變成月光族。可悲的是，這樣的現象會一直持續下去。

## 這世界最不缺廢物

沒有人想看到你成功。

也許有人說希望你成功，但你不該相信這種話——他們只是隨口說說而已。不只是你的親戚，連你的朋友都可能這樣跟你說，但他們是當著你的面撒謊。

你真的相信他們希望你變成富豪，然後甘心自己被比下去，卑微地靠著薪水過活？我不相信。

想想看，你跟朋友和家人說要辭職，打算創業時，他們對你說了什麼？他們很支持你嗎？我不相信。

所以，別相信他們跟你說的廢話。大家都想看到你失敗，這樣他們才有可以指責的對象，同時為自己的失敗找理由。例

如，他們可能會說：「你看看約翰和瑪麗的事業都做不起來。我早就告訴他們不要創業，如果他們當初聽我的話，至少還有穩定的好工作……。」

一堆屁話！

在賺大錢的路上，你一定要推開來自四面八方的垃圾。

每一天，你要在充斥著謊言、不支持你的心思、掙扎及苦難的世間排除萬難，才能更接近你的目標。你必須爭取到不受打擾的時間，才能心無旁騖地追求目標。

過程中，你會惹毛一些人。朋友認為你看不起他們，家人認為你是工作狂。他們怪你搞不清楚事情的輕重緩急，說你太執著、視財如命或貪得無厭。

更糟的是，如果你缺乏自信，再加上別人潑你冷水，你的處境只會變得無比艱難。

還有，說到達成目標，你順利實現願望的機率其實**很低**。讀到這裡，你還有賺大錢的動力嗎？

你想賺大錢嗎？你**真的**想賺大錢嗎？但願如此。如果你已經做好不惜代價的心理準備（同時遵循道德、倫理及法律），請繼續讀下去吧。

## 你相信誰說的話？

世間的人性都是差不多的，而人性本身也有所謂的價值：

一文不值。人性本賤。

人就像桶子裡的螃蟹。你把一堆螃蟹放進桶子後，不需要加上蓋子來防止螃蟹逃脫。因為只要有一隻螃蟹往上爬，底部的其他螃蟹**一定會**把牠拉下來。

所有人都不希望你贏。大多數人一輩子都**不會**發大財，也不肯嘗試。他們只想拉你一起當「下流人」，這樣他們就有哭訴的對象了。

你朋友很有錢嗎？你姊夫很有錢嗎？他們給你建議時，你應該聽進去嗎？你可以聽聽看，保持禮貌的態度。等他們走出去後，你就可以把他們的建議忘得一乾二淨。

有件事一直讓我很傻眼：竟然有那麼多人根據別人講的空話，來養成吸收資訊、太在意批評、做決定的習慣！

遺憾的是，即使你有時候為服務付費，最後還是無法信任對方。你遇過律師給你很爛的建議嗎？我遇過！

就算你接受了專業人士的建議，還是要確定他的建議適不適合你（當然也包括我給的建議）。決定權終究在你手中，你說了算。

所以，你要謹慎挑選諮詢的對象。如果你想成為富豪，最好向你信得過的富豪學習。

> **駱鋒語錄 #31**
>
> 別相信窮光蛋跟你說該如何發財的建議。

## 傻瓜說的話都不重要

你從出生到現在，早已習慣過著窮日子。

其實，你目前遇過的人也都習慣過著窮日子。你經常跟這些人相處，當然也會養成貧窮度日的習慣。

除非你生在富貴人家，不然你跟大多數人沒兩樣：

- 你出生後，第一個接觸你的人是護士，護士沒什麼錢（靠！現代的醫生也沒什麼錢）。
- 除非你屬於希爾頓或川普家族，不然接下來你會落到窮父母的手上。
- 然後，父母帶你到小學，讓窮老師指導你。
- 你升上國中、高中時，遇到更多窮酸的指導老師
- 接著，也許你上了大學，指導你的人是窮教授。
- 你終於畢業了，找到的工作卻是在窮經理底下做事。
- 平常，跟你一起打發時間的親朋好友也不是有錢人。

現在，你知道自己是怎麼適應窮日子了嗎？

好好想一想吧。

## 你的朋友都是窮人嗎？

進一步問問自己：「私底下我認識多少有錢人？」

當然，你可能認識一些有錢人，但你真的了解他們嗎？你和他們是朋友，還是有業務往來？或者，你很享受和他們建立的輔導或策劃關係嗎？

大多數人會認識有錢人，都是由於一起打網球、打高爾夫球、參加教會或在工作上有交集。有錢人認識他們，也許還把他們當朋友，但彼此的關係只是「點到為止」。

問問自己：「我在生活中和有錢人之間的關係，是不是很快就對我的財務狀況產生了正面影響？」

我並不是建議你「利用」有錢人，或把他們當成達到目標的工具。我說過，你已經習慣了窮人的圈子，原因在於你別無選擇。

> **駱鋒語錄 #32**
>
> 做與眾不同的事，幾乎總是能讓你脫穎而出。

為了適應富裕的生活，你不只需要有錢的朋友，也需要和這些朋友或商業夥伴培養交情，因為他們能對你的**思想**產生正面的影響力，並進一步影響你的未來。

# 想賺大錢，你得是個怪咖

從你讀這本書的行為，就可以推測你有點「怪」。為什麼？因為根據美國書商協會（American Booksellers Association）的資料：

- 今年，80%美國人沒有買或讀任何書
- 過去五年來，70%美國成年人沒逛過書店
- 58%美國成年人在高中畢業後，再也沒讀過書了

看到了嗎？你已經變成「邊緣人」了！坦白講，在我的事業生涯，好多人都說我瘋了，說我很荒唐，還說我無恥，只因為我承擔了一些風險，以及忍受了一些失敗。

就算我向他們證明，我已經通過各種挑戰，現在也有足夠的財力為我的「大嘴巴」撐腰，還是有很多人敢叫我怪咖。

他們的邏輯有問題。大多數人一輩子窮慣了，還為別人工作到死──他們卻說我是怪咖？為什麼？因為我有膽量靠自己走出舒適圈、應用我花錢學來的知識，然後獲得驚人的財富嗎？我是怪咖？你他媽的在跟我開玩笑嗎？

如果你想追隨我的腳步，就必須適應這種世俗的反應。並非每個人都能賺大錢，這不是一條平凡之路，「平庸」的做法不能幫助你變有錢。事實是：你做著「平庸」的事，就只能像

凡夫俗子一樣過著窮日子。

## 活學活用

　　哪些人能把事情做得很好，讓你很崇拜呢？他們具備什麼特質和技能？

　　你也有同樣的特質和技能嗎？你能培養出哪幾項？

| 第12堂 |

# 生活一團糟，只能怪你自己

　　幾個月前，我和輔導的客戶羅恩（Ron）通電話時，他說：「駱鋒，我需要幫忙。我的事業經營不順，競爭激烈，顧客都是鐵公雞，供應商想提高價格，而且現在的經濟情況也很糟糕。」

　　「羅恩，好了啦！你只是一直在發牢騷。」我回答。

　　「你不了解我的生意有多慘。」

　　「羅恩，我知道問題出在哪裡，有一個辦法能幫你。」

　　「拜託告訴我，辦法是什麼？」

　　「很簡單。如果你營運狀況很糟糕，那是因為你就是個差勁的商人。」

　　陷入一片沉默。

　　「駱鋒，可是我──」

　　我插嘴說：「羅恩，你聽著，每間企業都能反映出業主的特質。我問你，業界是不是有其他企業打敗你了？」

　　「有啊。」

「他們的生意很好，但其實他們賣的產品跟你很像，是這樣嗎？」

「呃，是啦，這樣說也沒錯。」

「如果是這樣的話，就代表你沒搞清楚某些事——你還不夠稱職。等到你發現**自己**就是問題的根源，也是造成目前這種困頓局面的原因時，你才能夠解決問題。你了解我的意思嗎？」

「了解。」

當你對自己的人生擔起百分之百的責任時，就是你開始「賺大錢」的時候了。別再責怪政府、政客、律師（好吧，你可以稍微怪一下律師）、不幸、父母、職員、經濟、天氣等因素了。

最終責任，終歸是落在你身上。

> **駱鋒語錄 #33**
>
> **每一間企業都能反映出業主的特質。**

## 速食害你變胖？

你很清楚，大多數人都喜歡把自己塑造成大環境下的受害者。你覺得我在唬爛嗎？只要看一集傑里·斯普林格的節目就知道了。

整集節目都在談論受害者，例如有人冤枉了誰、和第三者

發生性關係，然後等所有表演、哭泣、爭吵、打架達到高潮時，就產生娛樂效果了。受害者遇到問題，似乎永遠都是別人造成的，太可悲了。

如果你想致富，就不能當受害者。社會上的受害者已經夠多了，就好比一個人好幾年來天天吃速食，卻控訴速食店害他變胖。

告訴我：是誰決定每天早上起床後，開車去速食店？是誰看著菜單、點餐、拿出錢包，然後買速食？是誰決定把大薯、雙層起司漢堡和奶昔塞進嘴裡？你說的沒錯，就是那傢伙——自稱「受害者」的顧客。

## 如果你找不到好人幫你，也許你不是好人

許多企業家經常跟我說：「駱鋒，我最近找不到適合的人手。」我一律回答：「可能因為你是個差勁的領導者吧！真正的問題不在於你找不到人才，而是人才不願意在你底下做事。為什麼？也許是因為你付不起他們應得的薪水。」

「可是，我的營運狀況不太順利，負擔不了他們期望的高薪。」

我一樣冷漠地說：「因為你是糟糕的企業主啊！利潤低，營收低，現在連一個團隊也養不起了。哇靠，你甚至不知道該怎麼建立團隊。」

> **駱鋒語錄 #34**
>
> 世界上有三種人：
> （一）等著事情發生的
> 人。
> （二）讓事情發生的人。
> （三）不了解發生什麼
> 事的人。

如果你的情況跟他差不多，那你就該承擔責任。我知道現實很殘酷，因為我自己也熬過了好幾次！

有時，我也會發現自己處於受害者的思維模式。每當這種情況發生時，我會靜下來問自己：「我表現得像受害者，還是像業主？」然後我發現，只要我為自己的人生擔起所有責任，就會發生神奇的事。

## 為了錢，你願意或不願意做什麼事？

你看過《誰敢來挑戰》（*Fear Factor*）這個節目嗎？內容基本上就是看著一些人為了錢，願意或不願意做什麼事。

看著別人做危險的特技和冒險，確實很吸引觀眾。但看著別人願意吃噁心的東西，像是發臭的腐爛動物內臟、可怕的昆蟲等等，未免太讓人倒胃口了吧，而且這竟然只是為了贏得區區五萬塊錢！

當然，《誰敢來挑戰》是個極端的例子。重要的是，你要搞清楚，並事先了解自己願意或不願意為了錢做什麼事，因為你有絕對的自主權。

我先說清楚：我的意思不是勸你為了賺錢，決定要不要做一些違法、不道德或喪失理智的事。請別誤解我的意思。

## 你有多想致富？

你應該好好思考這個重要的問題：為了賺夠錢，你**願意**付出什麼代價？例子如下：

- 假設你決定透過不動產致富，那就好好思考自己是否**了解**實踐的方法。

  如果你不了解，那你打算怎麼學習？你願意為此參加研討會、讀書或參與輔導計畫嗎？

  如果你願意，那你肯花多少學費？五千美元？一萬美元？二萬美元？你想清楚了嗎？

  換個方式問：為了賺錢，你**願意**做哪些事？**不願意**做哪些事？

- 假設你想在網路上大賺一筆，我想提醒你：根據我的經驗，即使你**知道**自己在幹嘛（大多數人並不知道），在網路上從零開始創業需要花不少錢和時間。其實，你的**資金愈少**，就必須投入**愈多時間**到網路事業，沒有其他捷徑。

  所以，你該好好思考：如果你有規律的正職工作，

但薪水不高，你願意利用晚上和週末的空檔在網路上做「免費」的事，引導流量到你的網站嗎？在沒有盈利的情況下，你願意持續做這些事**多久**？一個月？六個月？一年？

　　或者，如果你的閒暇時間不多，但你有一些閒錢，你願意花多少錢讓你的網站增加流量呢？在你摸索遊戲規則的過程中，你能接受損失多少錢？**你想清楚了嗎？**

先搞懂為了賺錢，你**願意**做什麼事情，以及**不願意**做什麼事情吧。

「你要先確定成功背後的代價，再忙著付出代價。」
　　　　　　　　——亨特（H.L. Hunt），德州石油大亨

# 沒有勇氣，就沒有榮耀

幾年前，我的好朋友彼得・塞奇（Peter Sage）遭遇了嚴重的經濟困頓。基於道德上的考量，他決定放棄大型投資交易，而且這項決定對他的資產淨值產生了重大影響。他原本是很成功的企業家，但他發現自己其實是再次白手起家。

當時，彼得住在英國，他決定搬到溫哥華，展開人生的新篇章。當他打算在兩三個月內搬到溫哥華時，他坐在雪梨的海灘上問自己：「如果我能揮一揮魔法棒，灑一些有仙氣的粉末在生意上，讓我東山再起，那我需要做什麼事？」

同樣的，這又回到確實了解你想要什麼這件事情上——也就是讓你的願景變得清晰。他想在溫哥華買下夢寐以求的頂樓豪華公寓，對他來說，這是**十分艱鉅**的目標，特別是在他當時那種經濟狀況下。

彼得利用晚上的時間上網，只是為了找新的照片。他相信每天在「目標地圖」上標示喜歡的照片，能提醒自己保持靈感。這種做法成了他的動力，也幫助他提升專注力。透過搜尋

引擎,他發現以前沒見過的華麗公寓。他說:「哇,這就是我要的!」當下,他有「一見鍾情」的感覺。沒有任何疑問,也沒有進一步討論,萬中選一!真是意想不到。

那間公寓確實是他的理想住處。他寫下自己需要付出的代價——為了心目中的**獨一無二**。唯一的問題是要價四百萬美元,超出他的負荷能力,更何況他在投資交易中損失不少錢。

但他心中有夢,也很投入。他告訴自己:「如果我能說服賣家和不動產經紀人信任我長達六個月,並讓律師出價,也許我就能接近目標。」

那間公寓是他的焦點!他深深著迷,沒有「如果」、「也許」、「再三思」的疑慮。當他撥通不動產經紀人的電話時,大概是英國的半夜、加拿大的下午四點。

「你好,我是彼得・塞奇。我在網路上查資料時,無意間發現你登錄的房子。我對頂樓的豪華公寓有點感興趣。」(他刻意講得很隨性。)

經紀人回答:「你挑對時機打來了。兩天前剛好有人來談,但沒有成交。」

彼得相信這是命中注定。那間公寓登記了他的名字,他注定要擁有它。結果,他要和很多同樣感興趣的買家競標,還必須在二十四小時內付10%訂金。他又力不從心了。

另外,他不是加拿大居民,所以他必須申請無身分的房貸,也就是除了10%訂金之外,他還得在幾個月內付25%頭

期款。如果他不這樣做，加拿大法律的規定會使他損失10%訂金。訂金不能退還！

所以一共是35%訂金。萬一他無法在幾個月內繳出另外一百萬，就得承擔四十萬美元的損失。

你想了解承諾是什麼嗎？彼得就是貼切的例子。他決定買下夢想中的公寓時，他根本不知道該怎麼籌到這筆錢。

後來他告訴我，他的冒險是遵循著設定目標的簡單原則：**哪有激發靈感、創意和成長的空間啊？沒有！**

在二十四小時內，他設法為房子增加貸款額、刷爆所有信用卡、到處借錢，並電匯10%訂金和簽認不可退還訂金。

此時，他需要克服更大的困難：必須在幾週內繳出一百萬美元，否則會血本無歸，多麼瘋狂啊！

> **駱鋒語錄 #35**
>
> 如果你設定目標後，能看清楚實現目標的步驟，那就代表這個目標太小了。

## 幸運之神眷顧勇者

彼得抱著破釜沉舟的精神，走上一條不歸路。他不去想「如果」、「也許」、「試試看」，而是**孤注一擲**。

無論如何，他都要達到目標！不惜代價！他**一定要**找到辦法。這種程度的承諾才能產生成效。

幾週之內，他取得幾英畝土地的購置權。他將土地分成幾

等份後，賣給了好幾位買家，而他賺到的錢用來支付額外25%的公寓頭期款算是綽綽有餘。

其實，我才剛去過他的新家。真的非常華麗，讓人歎為觀止。

他的做法很愚蠢嗎？太過冒險？他瘋了嗎？或者，他只是對自己的夢想很投入並保持熱情？

如果他沒有熱忱，就不會談成交易。冷淡是行不通的，勇氣才是關鍵。我尊重和欣賞有勇氣的人！能認識他這樣的朋友也讓我感到自豪。

你願意用放棄「安全感」來交換財務自由嗎？為了賺夠錢，你願意犧牲哪些東西？

## 背後的代價

我在當地的書店遇到一位大學同學。他一開始沒認出我，但我一眼就認出了他。

他問：「你過得怎麼樣？你看起來混得不錯。」

「謝謝。」

「駱鋒，你現在都忙些什麼？」

我說：「沒什麼，只是經營生意。」

我們閒聊時，長話短說。我發現他在當地餐廳當服務生，所以我沒提到自己在忙什麼，反正他不會了解。老實說，我也

不想解釋給他聽。

我還記得很清楚，他以前很喜歡運動。他曾是籃球隊的成員，很受女生的歡迎，算是數一數二的「校草」，好多人都想親近他。

相比之下，我是那種坐在教室最後面、不敢舉手發問的怪人。我很文靜，個性內向，跟別人講話時也不敢有眼神交流。我有溝通障礙，所以我放學後就直接回家，不參加任何課外活動。沒人記得我的名字。我就像透明人。

所有帥哥都去參加派對、把妹、喝醉酒、玩得很開心時，我卻把自己關在房間裡，像個瘋子一樣讀著商業書籍。

我在十九歲時就展開文案撰稿事業，包括研究推銷信以及為客戶寫文案。大家都覺得我是怪胎。你看吧，成功多麼需要自律——也許你的朋友會開始叫你尤達（Yoda）*！

> 「你把妹時，可能會花很多錢，但這世上永遠不缺愛
> 錢的女人。」
> ——電影《老婆，我愛劈腿》（I Think I Love My Wife）

為了未來的保障，我決定捨棄一些當下的娛樂、獎勵及樂趣。生活中的每件事都有機會成本。你決定做某件事時，其實

---

* 《星際大戰》（Star Wars）的啟蒙者角色，具有強大的力量與智慧。

就是決定不做其他事。你必須學會「斷捨離」，才能得到自己想要的東西。

致富的代價是自我約束與控制。我在十九歲時就了解自己的目標，也知道自己想在人生中做哪些事，如果這代表我必須犧牲一點樂趣，我很樂意付出代價，我也很慶幸自己那麼早就想通了。

人應該做好該做的事。

我老早就做出了一些犧牲，但現在回想起來，我一點都不後悔。我很高興自己很早就決定要做什麼事，每次我想到大學同學浪費時間做的事，再對照我現在的生活型態，我知道自己完全不想和他們交換人生。

成功絕非偶然。我選擇了成功、快樂、財富、成就感，也選擇放棄一些玩樂時光。後來，我才能過著現在的生活。

我已經賺夠了錢，所以我有足夠的財富舒適地度過餘生。我可以隨時、隨心所欲地做事，無憂無慮。

---

**駱鋒語錄 #36**

有錢人願意吃苦，所以他們的人生是先苦後甘。窮人好逸惡勞，所以他們的人生是先甘後苦。

---

我不需要工作，完全可以按照自己的意願過日子。

我以前吃過苦，也做了別人不願意做的事；我心甘情願地付出了別人不肯付出的代價；我忍受著別人不想承受的痛苦、麻煩及壓力。這就是為

什麼我現在能過著大多數人夢寐以求的愜意生活。

## 你有多麼渴望致富？

如果你還沒達到理想的財務水準，我想問問你到底有多麼想達標。為了得到想要的東西，你願意付出什麼代價？

你不該想著自己應該得到什麼，而是要努力爭取。如果你真的想賺夠錢，就必須決定自己今天要做什麼事才能更接近目標，然後展開行動。不要拖到明天，**今天**就開始做。

當然，追求目標需要付出代價，也需要你做一些事前的準備工作，以及有學習和成長的意願。一旦達到目標，你就會高興得想從頭做一遍。

如果你想擺脫狹隘的生活、炒老闆魷魚，可以參考：DanLokShop.com。你能在這個網站發現豐富的數位錄音庫——我教導世界各地的學員，幫助他們（還有你！）在致富的路上走得更快、更容易。

# 為什麼大部分的傳統觀念
# 幾乎總是錯的？

　　傳統觀念是平庸之才的經典，平庸的信念造就了平庸的結果。傳統觀念是為了普羅大眾而生，但民眾變成了窮人還是富人呢？問得好。

　　「剪掉你的信用卡、量入為出，然後長期投資多樣化的共同基金。」

　　「期望愈高，失望愈大。」

　　「魚與熊掌不可兼得。」

　　「有一份穩定的工作是致富之道。」

　　「你最好要存錢，以備不時之需。」

　　「想變成有錢人，你就要先當壞蛋、騙子、小偷，不然就是走好運。」

　　一派胡言。

　　我還記得小時候，媽媽對我說過：「駱鋒，把盤子上的食物吃光。中國有很多小孩都在餓肚子。」

我問：「媽媽，那我吃光食物這件事，能怎麼幫助那些沒東西吃的小孩呢？」媽媽沒回答我。

她也說過：「關好冰箱，空氣都跑出來了。」、「錢不會從天上掉下來。」我小時候收到的生日禮物是一雙襪子，我覺得很滿足。

你小時候聽過類似的話嗎？我們都受到這種匱乏的思維影響。為什麼？因為我們的父母也是受到上一代的思維影響！

還有一種說法：「上帝想讓我們擁有財富的話，自然會給我們錢。」關於這點，我的回應是「天助自助者」。

這讓我想起威爾・史密斯（Will Smith）主演的電影《當幸福來敲門》（*The Pursuit of Happyness*）中的故事：

> 有一個人快淹死時，出現了一條船。船上的人問：「你需要幫忙嗎？」溺水的男子回答：「上帝會救我。」後來出現了另一艘船，船上的人也想救他，但他說：「上帝會救我。」結果他淹死了，去了天堂。他問上帝：「祢為什麼不救我？」上帝回答：「我已經派兩艘船去找你了，笨蛋！」

所以，你有什麼打算？還是你在等待上帝的安排？

下方的引文都能證實傳統觀念多半有誤：

「我們不喜歡他們的音樂，而且吉他也快過時了。」

——迪卡唱片公司（Decca Recording Co.）

否定披頭四樂團（The Beatles），一九六二年

「這台『電話』有太多缺點，不值得當做溝通工具。」

——西聯匯款公司（Western Union）的內部備忘錄，

一八七六年

「沒有人會想在家裡放一台電腦。」

——肯‧奧爾森（Ken Olson），數位設備公司（Digital Equipment Corp.）的總裁、董事長及創辦人，一九七七年

「這個概念很有趣，組織分明，但如果你要取得比『C』更高的成績，應該想辦法讓概念變得切實可行。」

——耶魯大學的管理學教授回應弗瑞德‧史密斯（Fred Smith）的論文，主題是可靠的隔夜送貨服務

（後來史密斯成立了聯邦快遞公司）

「能發明的東西其實早就都被發明出來了。」

——查爾斯‧杜爾（Charles H. Duell），美國專利局的專員，

一八九九年

「如果我當時再三考慮，就不會做這項實驗了。文獻中有許多例子都證實了不該這麼做。」

——史賓塞・席佛（Spencer Silver）
研究用於3-M便利貼的獨特黏合劑

## 幾個世紀以來，傳統觀念一直阻礙人類進步

終其一生，總是會有同輩說我們的目標不切實際、夢想太遙不可及、期望太高。

他們說：「要有自知之明，要守本分。」

蛤？誰會管什麼鬼本分啊？我只需要知道自己該朝著哪個方向前進！

他們告誡我們「那些目標」是屬於「別人」的，我們不該奢求。我們在開什麼玩笑呢？我們以為自己是誰啊？

這讓我想起另一則故事：

一對年輕的新婚夫婦為聖誕晚餐準備火腿。老婆小心地切掉火腿的尾端，然後把火腿放在烤盤上烘烤。

老公問她：「妳為什麼要切掉火腿的尾端？」她回答：「我不知道，但我媽媽一直是都這樣做的，所以我以為你也會這樣做。」

後來，她和媽媽聊天時，問媽媽為什麼要在烤火腿之前把尾端切掉。媽媽回答：「我不知道，但我媽媽一直都是這樣

做的。」

　　幾週後，這位年輕女子探望外婆時，問道：「外婆，為什麼妳在烤火腿之前要把尾端切掉？」

　　外婆回答：「哦，親愛的，那是因為我的烤盤放不下整塊火腿。」

　　很多人一輩子都在做自己熟悉的事，即使他們的做法很明顯沒有成效，還是認為應該遵循傳統的觀念：「我們已經這樣做好幾年了啊。」但他們只是持續用同樣的方式做事，缺乏獨立思考的能力。


## 大富豪經常違背傳統觀念

　　顯然所有很成功的有錢人都違背了傳統觀念，例如泰德‧透納（Ted Turner）、李‧艾科卡（Lee Iacocca）、亨利‧福特、麥可‧戴爾（Michael Dell）、愛迪生、比爾‧蓋茲、賈伯斯、弗瑞德‧史密斯。

　　或許你認識的頂尖成功人士，也都會去做一般人認為是錯誤的事。

　　桑德斯上校（Colonel Sanders）六十五歲時，決定把炸雞裝在紙箱內販賣，成立了肯德基。理查‧布蘭森在畢生的職涯中，經常聽到別人說他做事的方式有問題，但他突破了傳統的商業觀點。他可是億萬富翁耶，拜託！

## 「駱鋒，你辦不到。」

我這輩子經常聽到別人對我說：「駱鋒，你辦不到。」但我後來辦到了，也很慶幸自己有行動力。如果我聽信別人的話，就不會有今天的成果。

以下是別人「不看好」我時所說的話，但我最後都成功做到了：

一、你不該移居到一個你不會說當地語言的國家！

二、你考不上大學！

三、你從大學退學後，不可能成為成功人士！

四、你沒辦法創業，因為你沒有商業學位。

五、你沒辦法過著花錢如流水的生活，也不可能有任何成就！

六、你沒辦法成為專業的文案寫手，別忘了你高中考英文時不及格！

七、你不可能在兩年內變成領高薪的文案寫手！

八、你不能收一小時一千美元的諮詢費！

九、你不能開除客戶！

十、你無法成為演說家，別忘了你超級害怕演講！

十一、你寫不出創造一百萬美元銷售額的推銷信！

十二、你不可能再寫出創造二百萬美元銷售額的推銷信！

十三、你找不到身價五億美元的男人當你的人生導師！

十四、沒有億萬富翁願意當你的人生導師！

十五、你沒辦法從網路上賺錢！

十六、你沒辦法出書！

十七、你當不了暢銷書作家！

十八、你損失二十五萬美元後，就賺不回來了！

十九、你沒辦法在業界成為頂尖專家！

二十、你不該投資不動產！

二十一、你不可能一週只工作四天。

二十二、只做你喜歡的事，成不了百萬富翁！

二十三、完全按照你自己的意願生活，成不了大富豪！

二十四、你不可能面面俱到！

也許還有其他更多「不看好」我的評論，這些只是我目前想到的。

總歸一句話：我**痛恨**傳統觀念。

下次有人對你說：「你做不到！」你不妨回答：「是喔？你等著瞧！」

| 第15堂 |

# 即日起，最重要的事就是
# 展開致富之路

　　另一種與傳統觀念背道而馳的積極態度是「愛自己」。這是很健康的心態。想想看：如果你不懂得愛自己，怎麼能指望別人愛你呢？不可能！

　　現在，請想想你崇拜的成功人士：讓你想效仿，也渴望達到他們經濟水準的人或人生勝利組。

　　問問自己：「他們擁有高度自尊心，還是會自卑？」

　　他們當然都是擁有高度自尊心的人，我從來沒遇過自卑的頂尖成功人士，為什麼？因為自尊心是所有成就的基石。


## 精心培養優越感

　　我知道這樣說很有爭議，在政治立場也「不正確」，但我說的是事實。我從億萬富翁身上學到的重要課題就是：人需要培養優越感。

> **駱鋒語錄 #37**
>
> 自尊心是所有成就的
> 基石。

為了賺夠錢,你要相信自己確實值得迎向成功的人生、財富及權力。

這與自負無關,重點是要胸有成竹,否則你不可能賺到足夠的錢。

大多數人因為自卑的緣故,目前還無法賺夠錢,別人很容易察覺到他們對自己沒自信。他們再三懷疑自己,結果不敢展開行動。

有趣的是,你可以對自己做的事沒把握,但你對自己沒自信就相當於**自取滅亡**。只要你對自己沒有信心,你就不會自動自發地做事!要先完全確定自己在做什麼事的人,多半都缺乏行動力。

## 原本可以做、本來應該做

我可以證明這點。你去參加派對,然後談到你創業的事或是你在考慮創業,看看接下來會發生什麼事:

有很多人會插嘴說出:「我也想創業。我好想離職,做自己想做的事。」他們通常會詳細說明自己「一直在想」,但沒有膽量去實踐的點子。

結論:這些人多半只會為別人效勞,**無法幹大事**。但如果

有人談到「創業」，他們一定會提到自己想創業的陳年老調。

我知道的那些傑出企業家之所以能有成就，是因為他們對自己信心十足。即使一開始無法確定自己在做什麼事，他們會在前進的過程中搞清楚。這就是差別所在，全都與自信有關。

成功人士很了解自己在前進的過程中一定會遇到問題，但正是信心讓他們可以說出：「沒關係。出現問題的時候，我應付得來。」

你很自卑，因為你還沒在人生中做出能增加自信的重大成就。你知道讓自卑感消失的有效方法是什麼嗎？就是「金錢法」——很多很多的錢！

說話模稜兩可的親切「勵志大師」會告訴你，只要自我感覺良好，你就能變得富有。但我想跟你說，只要你賺大錢，就會對自己感到十分滿意。你賺的錢愈多，就會變得愈有自信。

你領悟了這一點後，就會變得更有氣勢、更果斷。成功能帶來更多成就，到時候，你照鏡子時，會愛上全新的自己，並懂得欣賞自己。

> **駱鋒語錄 #38**
> **膽小鬼幹不了大事。**

## 沒有人比我更愛自己了

我超愛自己。如果你覺得這句話聽起來很**自負**，一點也沒錯。我的自負來自我對生活的掌控，來自我的職業道德，也來

自我知道自己比其他人做了更充分的準備。

　　所謂的有自信，就是覺得自己很能幹，也相信自己的能力；缺乏自信則是指害怕欠缺做某件事的能力。在大多數人一整年下來連一本書都不肯讀的情況下，我已經讀了一千多本書。我敢冒險，也願意做別人不願意做的事，所以我的信心增加了。我也因此培養出了優越感──這並不是什麼大不了的問題。

　　我是家中的獨生子，來到北美洲時，我一句英語都不會說。身為異鄉人，我學會了如何靠自己過日子。我是自我中心的人嗎？沒錯，因為我必須成為這樣的人。

　　我的父母離婚後，不久後我就明白沒有人在乎我的死活。沒有人能幫助我成功，一切都要靠自己。我想讓自己快樂起來，不想取悅別人。

　　我自己做所有決定，也願意承擔別人的批評和指責，當然也樂意接受所有回報。我的成功不仰賴其他人或任何事，一切都是靠自己。這說明了我很重視自己，以及有時候我會讓別人感到有股傲慢的氣息，卻不在乎別人怎麼看我的原因。

> **駱鋒語錄 #39**
>
> 你可以關心別人，但不必在乎他們的想法。

我之前舉辦研討會時，有人問我：「駱鋒，你好像很自戀。你是不是覺得自己是宇宙的中心？」

　　我回答：「對啊，我的確

認為自己是宇宙的中心，一切都圍著我轉。因為我很喜歡這種感覺。」

這個自以為是的傢伙當然不是真心要徵詢我的建議。從某種意義上而言，我的回答算是我能給他的**最佳建議**。為什麼呢？因為我的優越感來源是自信，而自信的來源是能力。如果你知道自己能把某件事做得很好，你就會充滿自信。

關鍵在於：我知道自己有能力做出成績。如果那傢伙的頭腦夠清醒，他就會明白……

## 缺乏自信是自私自利的特徵

假如有更多人信心十足，這個世界就能變得更美好。想想看：世人永遠都不會知道有多少「不世出的天才」——由於缺乏自信，他們無法發揮真正的潛力。

說不定其中有人能夠治癒癌症，但如果他沒有展開行動的自信，世界就無法從他的學識中受益。

就因為他不想「自大」地對全世界說「我能夠研發出癌症的療法」並採取必要措施，不管代價為何或可能要經歷多次失敗，於是原本有機會康復的幾百萬人，就這樣相繼喪命。

反過來說，他可能決定待在辦公室的座位上浪費才華，領著「安逸」的薪水度過餘生。就算是死到臨頭，他也不會對世界產生**原本具備**的影響力——要是他有膽量就好了。

## 假如比爾·蓋茲繼續待在哈佛大學

比爾·蓋茲從哈佛大學退學，因為他察覺到軟體市場醞釀著巨大的機遇。當時，大家都認為他瘋了，為了追求「未經證實」的事，就從最負名望的大學退學？是瘋了嗎？

然而，正因為比爾·蓋茲相信自己在做對的事，世界才因此變得更美好。

> **駱鋒語錄 #40**
>
> 自信的來源是能力。

如果他**沒有**採取行動，選擇一條「安全」的路，並忽略當初的想法，取得了哈佛大學的學位，那麼微軟可能不會出現。誰能說得準？也許到現在，我們的家中都還沒有個人電腦，也沒有網路。

如果沒有網路和個人電腦，我後來就不會賺大錢，過著現在這般奢華的生活。謝謝你，比爾·蓋茲。

## 我不曾因為自己很有自信而道歉

我不覺得有自信是不對的事。正因為我相信自己能寫出這本書，你才能從中受益。你可以從我所謂的「自大」之中學到東西。

我甚至想說，沒有真正發揮潛力的人很自私。他們沒有為

世界帶來自己原本可以付出的貢獻，所以別人無法從他們本身的價值得到好處。

也許他們本來可以貢獻治療疾病的方法、新技術、新書、新歌、新發明、新點子。

如果你也有這種自私的心態，你不只是欺騙了自己，也剝奪了家人本來可以享有你賺到的更多收入，以及更高的生活水準。要是你不肯走出去向別人推銷自己，讓別人知道你能提供什麼能力，你就是在剝削這個世界。

想一想你能幫助的人；想一想你能改善哪些人的生活；想一想你的家人。為了你自己，也為別人著想，你應該在此生好好發揮潛力。

## 現在就開始培養勢不可擋的自信

我在職涯早期階段並不是果斷又有自信的人。直到我擁有成功經驗後，才漸漸培養出這兩項特質。

但如果我一直等著自己建立自信心，就永遠不會展開行動。所以我必須先假裝有自信，直到我成功的那天。我也相信，自信心會在這個過程中增強。

> **駱鋒語錄 #41**
>
> 除非你先重視自己，否則你在別人的眼中沒有任何價值。

錢和成就能帶給你信心，因為你在腦海中建立了過往的表現，如此一來，你會漸漸相信自己能一再實現目標。

## 活學活用

<u>一、大多數人都沒有仔細記錄自己的成就。列出你以前的成就，並承認這些成就很重要、貨真價實。回想一下你達成的所有成就。</u>

以前的成就 #1＿＿＿＿＿＿＿＿＿＿＿＿＿＿＿＿＿＿

以前的成就 #2＿＿＿＿＿＿＿＿＿＿＿＿＿＿＿＿＿＿

以前的成就 #3＿＿＿＿＿＿＿＿＿＿＿＿＿＿＿＿＿＿

以前的成就 #4＿＿＿＿＿＿＿＿＿＿＿＿＿＿＿＿＿＿

以前的成就 #5＿＿＿＿＿＿＿＿＿＿＿＿＿＿＿＿＿＿

以前的成就 #6＿＿＿＿＿＿＿＿＿＿＿＿＿＿＿＿＿＿

以前的成就 #7＿＿＿＿＿＿＿＿＿＿＿＿＿＿＿＿＿＿

以前的成就 #8＿＿＿＿＿＿＿＿＿＿＿＿＿＿＿＿＿＿

以前的成就 #9＿＿＿＿＿＿＿＿＿＿＿＿＿＿＿＿＿＿

以前的成就 #10＿＿＿＿＿＿＿＿＿＿＿＿＿＿＿＿＿

以前的成就 #11＿＿＿＿＿＿＿＿＿＿＿＿＿＿＿＿＿

以前的成就 #12＿＿＿＿＿＿＿＿＿＿＿＿＿＿＿＿＿

以前的成就 #13＿＿＿＿＿＿＿＿＿＿＿＿＿＿＿＿＿

以前的成就 #14＿＿＿＿＿＿＿＿＿＿＿＿＿＿＿＿＿

以前的成就 #15＿＿＿＿＿＿＿＿＿＿＿＿＿＿＿＿＿

以前的成就 #16＿＿＿＿＿＿＿＿＿＿＿＿＿＿＿＿＿

二、借助你以前的成就去達成現在的目標。如果你是一個缺乏自信的人，可以告訴自己：

「哇靠，我以前做到過＿＿＿＿＿＿＿。我現在一定也能＿＿＿＿＿＿＿。我辦得到。」

| 第16堂 |

# 二擇一：賺錢或找藉口

整個職業生涯，我遇過好幾萬人。我聽過各式各樣他們為自己無法賺夠錢所找的藉口。現在，我想列出這些藉口，你可以檢視一下，看看有多少藉口對你來說，其實相當熟悉。

- 如果我沒有配偶或家人的累贅……
- 如果我有足夠的「吸引力」……
- 如果我有錢的話……
- 如果我的教育程度更高……
- 如果我的身體很健康……
- 如果我有時間……
- 如果我不是在這個時代出生……
- 如果別人能了解我……
- 如果我能更換成長的環境……
- 如果我的人生能重來……
- 如果我不怕「酸民」說什麼……

- 如果他能給我機會……
- 如果我有機會……
- 如果我能做自己真正想做的事……
- 如果我能回到年輕的時候……
- 如果我的年紀大一點……
- 如果我沒有遇到阻礙……
- 如果別人沒有找我麻煩……
- 如果我出生在有錢人家……
- 如果我遇到「對」的人……
- 如果我也有某些人的天賦……
- 如果我敢堅持自己的立場……
- 如果我會說外語……
- 如果我以前懂得把握機會……
- 如果別人沒有激怒我……
- 如果我不需要做家事和照顧孩子……
- 如果我能存一些錢……
- 如果老闆欣賞我……
- 如果有人願意幫我……
- 如果我能住在大城市……
- 如果我有空檔……
- 如果我沒這麼胖……
- 如果我沒這麼瘦……

- 如果我沒有禿頭……
- 如果我長得不醜……
- 如果我不是美人……
- 如果我不是帥哥……
- 如果我沒有巨乳……
- 如果我不是「飛機場」……
- 如果我的床上功夫更好……
- 如果我的床上功夫沒那麼好……
- 如果我有喘息的空間……
- 如果我沒有失敗……
- 如果大家都沒有反對我……
- 如果我和「對的人」結婚……
- 如果我的家人沒那麼奢侈……
- 如果我沒那麼衰……
- 如果我住在不同的社區……
- 如果我有自己的事業……
- 如果家人能了解我……
- 如果我有勇氣開始……
- 如果我的個性像某些人……
- 如果大家能發現我的才華……
- 如果我能還清債務……
- 如果我知道該怎麼……

- 如果我沒有那麼多煩惱……
- 如果大家沒那麼蠢……（這是我個人的問題）
- 如果我對自己有信心……（我沒這個問題）
- 如果我沒有生不逢時……
- 如果我沒有賠錢……
- 如果我以前沒遇到那些事……
- 如果別人相信我說的話……

你應該看得出來，以上所有藉口我都聽過！

## 永遠不缺失敗的理由

上述有幾點是我以前的藉口。我小時候到北美洲時，一句英語都不會說。所以我本來可以找藉口說：「我不能闖出一片天，是因為我不會說英語，我又有什麼辦法呢？」

這個藉口的意思是，我連英語都不會說，也不熟悉當地文化，怎麼能奢望在國外做出一番事業？我有正當的權利（或藉口）在這裡當個輸家。

直到今天，我說英語還是有口音。有些朋友還是會說我講話聽起來像成龍！我當然可以找很多藉口來解釋自己為什麼沒辦法成功：腔調、外貌、身高、溝通技巧不佳、學業表現差勁、缺乏交際能力。我可以一直說下去，但我經過一番天人交

戰後，終究是要克服這些消極的想法的，跟你沒什麼兩樣。

## 明智的人才能賺夠錢

我寫這本書不是為了傳達鼓舞人心的心理學幹話。不管你喜不喜歡，我還是要告訴你：一般人無法賺夠錢，主要原因是**心態**問題。

是你腦子裡的想法阻礙了你，我能證明這點。

根據我的經驗，如果我循序漸進地給兩個人同樣的指示，教他們如何著手致富的訣竅和策略。其中一人吸收資訊後，能迅速做出成效，但另一個人接收相同的資訊後，卻慘遭失敗。

為什麼呢？我剛開始指導其他企業家時，我以為是傳達的資訊有誤，結果，事實證明差別在於心理素質。簡單來說，其中一人相信自己辦得到，因此他辦到了，但另一個人不相信自己做得到，最後果然失敗了。

不管你喜不喜歡，**心理層面**確實是你賺夠錢的重要因素。這就是為什麼我要花那麼多時間幫助你建立致富的心態。只要你的心態正確、頭腦清醒，其他事都是小菜一碟。

你可以走出去學習容易獲得的基礎知識，認識你需要結交的人，並培養你需要的技

> **駱鋒語錄 #42**
>
> 你能賺到多少錢，跟你的自我形象密切相關。

能。這些都是簡單的事，但如果你沒有調整好心態，就會失敗，我想說的就是這些。

## 藉口只不過是精心策劃的謊言

如今，我已經把藉口和缺點轉化成優點。比方說，我的身高是五英尺八英寸，個子不高，但我經常告訴別人：我只有踩在皮夾上的時候，才會覺得自己矮（錢對自尊心產生的功效是不是很有趣？）！

因為口音的關係，我以前非常害怕上台演講。但後來，我漸漸發現自己的腔調能展現出獨特的嗓音，結果我把最害怕的事變成了寶貴的賺錢技能。

那你還找什麼藉口呢？你還想編造什麼故事，阻礙自己賺夠錢？你確定那些藉口不是虛構的嗎？

請記住：你可以選擇找藉口，也可以選擇找賺錢的方法，但只能二擇一！面對你的藉口，並看清藉口的本質——在內心形成的障礙。等到你成功克服障礙時，就能更快賺夠錢。

## 你對苦苦掙扎的感覺上癮了嗎？

你知不知道，有些人其實會對困境中的掙扎感受上癮？

或許你會想說：「駱鋒，目前為止，我都還了解你的意

思。但這點聽起來太瞎了，怎麼可能？沒道理啊！」

想想看，別人問你過得怎麼樣時，你的回應多常是消極的？例如：「唉，過得很辛苦。發生了某某問題。（開始哭訴）」請老實回答。

你為什麼要說這種消極、滿腹牢騷的屁話？對大多數人來說，這是一種不經大腦思考的本能反應。他們甚至沒有察覺到自己在抱怨，就好像他們的大腦被訓練成能夠**自動**釋放消極情緒。

我來告訴你原因：這是為了要產生共鳴。「是喔，你真可憐。」——這句話讓你當下感受到了關注和認同，比起實際解決討厭的問題，被人理解比較容易。無論你是不是贏家，所有人都希望贏得關注、認同、愛以及擁戴，我也一樣。

你還是個嬰兒時，每次你哭了之後，會發生什麼事？媽媽或爸爸會衝到你身邊，讓你感受到滿滿的愛意。你現在能了解哭訴的行為，從我們出生開始就深植在大腦了嗎？

有些人花很多時間自怨自艾，讓人很反感。他們不想承擔責任，也不願意做一些能改變處境的事，反而藉著「失敗」的做法來佔上風，例如害怕犯錯、抱怨、狡辯。於是，他們漸漸對苦苦掙扎的感覺上癮。

我的某些朋友似乎經常經歷起起落落。他們賺到很多錢後，賠錢了，然後又賺到不少錢，再把錢賠掉。如果他們能把埋怨的精力集中在改變自身的問題上，那麼他們的問題最後一

定能夠解決，或至少會變得沒那麼嚴重。

當然，說比做更容易。我認為把觀念寫進書中供你閱讀，比說服你實際行動更簡單。即使是我，也要不斷努力奮鬥，決不讓自己沉迷於抱怨。

為什麼要浪費那麼多時間和精力去思考生活中的問題？我的意思是，面對現實吧：人生本來就不容易，事情不會一直按照你的期望進行。「莫非定律」偶爾會不請自來，即使你解決了一些問題，之後還是會出現另一些把一切搞砸的新問題，世事無常。

總之，你可以在剩下的人生繼續走在自怨自艾的路上尋求同情，並疏遠那些有興趣和你合作的人。最後，你會可悲地離開人世，一點貢獻也沒有。

> **駱鋒語錄 #43**
>
> 沒有公平的人生。沒有公平的事業。沒有公平的人。認清事實吧！

除非你擔起責任，保持頭腦清醒，並了解心態的問題，否則你無法賺夠錢。你永遠都有選擇權。

## | 第 17 堂 |

# 「每日收入目標」的力量

　　我認為設定「每日收入目標」很有效。許多現代人都有自己的收入目標，例如希望每年能夠賺十萬、二十五萬或一百萬美元。

　　我的做法有點不同：設定好每年、每月及每週的目標，但我只留意每天的收入目標。

　　舉例來說，假設你的收入目標是每個月賺一萬美元——這對大多數人來說是合適的目標。

　　一般人的做法是在月底檢視收入目標，看看還離目標多遠，再做一些調整，然後繼續執行，對吧？

　　更有效的做法是將你的收入目標除以三十天。就上面的例子，你的「每日收入目標」大約是三百三十四美元。所以，你早上起床後問自己的第一個問題應該是：「我今天該做什麼事，才能賺到三百五十美元？」

　　然後問問自己，在所有重要的待辦事項和對應的任務中，哪項任務最有可能幫助你實現「每日收入目標」？只要你能確

定這項任務，你接下來就會鎖定每日目標，而不是每個月的收入目標。

問自己以下問題：

- 我今天賺到了更多錢嗎？
- 目前我最能有效運用時間的方法是什麼？
- 這樣做有什麼回報？
- 我想達成哪些目標？
- 為了實現這些目標，我必須做什麼事？
- 我應該按照什麼步驟來達成目標？
- 在這種情況下，駱鋒會怎麼做？
- 我能採取什麼樣的大規模行動？

做法很簡單。如果你沒有達到自己設定的「每日收入目標」，就不會達到每週的收入目標。同理，如果你沒有達到每週的收入目標，一定也沒有達到每個月的收入目標。這樣你明白了嗎？

不明智的做法是等到月底才發現：「啊，我離目標越來越遠了。」所以，基本的日常收入才是你得優先關注的重要目標，其他事並沒有那麼重要。

無論你是否希望每天賺一萬美元或三百五十美元，都不是重點，你應該重視的是日常收入金額。所以，務必時常先問問

自己：「我今天要做什麼事，才能賺到最低目標金額？」每一天，你都要持之以恆。

也許你現在想問：「駱鋒，萬一我某天沒達標，那該怎麼辦？」那你隔天就要做一些能加倍賺回來的事。假設你希望每天賺三百五十美元，你就要賺回七百美元。

那如果你能做得更好，賺到的錢超過了每日目標呢？比方說，你賺到五百美元？那就恭喜你了！鼓掌慶祝自己的好表現吧。但不要放慢步調或放鬆下來，請繼續奮鬥！

你也可以把自己搞得很忙，卻仍然徒勞無功。要記得，回電話、接電話、收發電子郵件、處理文書作業之類的事，都不能幫你創造收益或成交。

## 忙碌是懶惰的一種形式

你要做一些能帶來財富的事。

也許你想說：「駱鋒，可是我只有一份工作，需要看別人臉色做事。每個月只領一次薪水，我沒辦法設定『每日收入目標』，我能夠為增加日常收入做的事並不多。」

你說的沒錯，你能做的事並不多，因為你領著固定收

> **駱鋒語錄 #44**
>
> 達到每天的收入目標，
> 是你每天的首要任務。
> 其他事都是次要。

入。你能賺多少錢是老闆決定的，你無法掌控自己的薪水。

如果你只有一份工作，就不能做一些能大幅增加收入的事，也沒有發揮創意和成長的空間，這就是「社畜」幾乎不可能賺夠錢的原因。

你最好另外找時間創業，讓自己有其他收入來源。一開始，你的「每日收入目標」可以只設定**每天賺一百美元**。等你達標後，再提高為二倍金額，以此類推。

我剛開始執行時，一百美元是我的每日目標。只要能在一天內賺到一百美元，我就很高興！然後我陸續將目標改成二百、四百、八百、一千六百美元……持續記錄和加碼。

如今，我的「每日收入目標」是一萬五千美元。

或許對比爾‧蓋茲和巴菲特來說，這個金額並不多。比爾‧蓋茲應該不會每天為了一萬五千美元起床，但是對我來說，這是起床的動力。這筆金額夠大，超出我的需求。

一開始，我能在一夜之間達標嗎？不能。我花了很多時間和精力才達標。我每天都能達標嗎？不是每天，但我幾乎天天都能達標。

這些年來，「每日收入目標」這個方法讓我有很大的收穫。現在，我的辦公室牆上貼著很大的一萬五千美元數字。只要我有一天沒有達標，就會變得很暴躁。

現在換你出手了。只要你模仿我的做法，不久後就能天天賺大錢了。

想大幅增加每個月的收入嗎？

請點進網址：HighTicketCloser.com

## 第18堂

# 向「納粹湯王」學習與客戶打交道，並按照自己的方式做生意

如果你看過《歡樂單身派對》（*Seinfeld*），就會記得很有名的「納粹湯王」（Soup Nazi）那集——傑瑞（Jerry）、喬治（George）及伊蓮（Elaine）到克拉默（Kramer）讚不絕口的新湯館。這家湯館的老闆之所以有「納粹湯王」的稱號，是因為他對客人的態度很踐，脾氣也很暴躁。另外，客人點湯的時候必須遵守他規定的「程序」。傑瑞向喬治說明點湯的步驟後，就一起去排隊。輪到他們點湯後，喬治發現湯沒有附贈麵包，便開口索取。納粹湯王說：「你要付錢買麵包。」

喬治不高興並不願意買麵包時，納粹湯王說出了響噹噹的妙語：「不准你買湯！」

他憑什麼這麼踐？

所有人都能從他身上學到一大課題，那就是：不要逆來順受。沒有你的允許，**沒人**能貶低你或侮辱你。

那為什麼納粹湯王配得起這種心態？因為他能煮出最美味的湯！他不需要討好別人，不需要追求高人氣，也不需要「政治正確」——因為他知道自己煮的湯很美味，你要買就買，不買就罷。你不欣賞他做生意的方式嗎？那就滾蛋，因為他不需要你。

我做生意的方式也一直都很像他。請記住：你一定能賺到錢，一定能吸引到新客戶和做好新生意，也一定能創業。討厭的客戶不值得你為了合作而傷心，一點都不值得。

這種做法可以幫助你更專心創造好產品，並把時間、努力及精力用在真正欣賞你的人身上。他們欣賞你說的話、你的產品，也是願意為你花錢的忠實粉絲，這點**非常**重要。

我大量發送有報價的電子郵件到收件人名單時，有時候會收到酸民的回信。他們生氣地回覆類似的話：「其實你是騙子……只想向我推銷。」然後，我會馬上從收件人名單刪除這些人。反正他們以後也不會成為我的顧客，幹嘛在乎他們的想法？

我是在做生意，不是舉辦慈善活動。當然，我想幫助別人，但我也想賺錢。所以，只要收件人名單上有人不爽，那就掰掰吧——把他們從名單上移除。滾啦！

如果你不清除負面的回應，酸民就有機會讓你表現失常。說來奇怪，即使有時候會收到十、二十、三十或五十封給你好評的電子郵件，都是來告訴你產品有多棒、他們從你身上或你

的觀點得到什麼好處，以及他們有多麼喜歡你提供的服務，但某個混蛋寄給你充滿惡意的郵件，卻能使你暫時忘掉所有好評，甚至毀掉你一整天的心情。

就這是我不親自讀取所有電子郵件的原因。我請助理過濾郵件，所以我不會看到任何有辱罵意味的評語。我只會看到自己想知道的合理內容，除此之外，我不感興趣。

你可以用自己的方式經營生意。

在這方面，我在生活中可以遠離自己不需要、不喜歡、不想打交道的人。我可以隨意擺脫客戶，而且我這樣做過。

我退還過二萬美元的支票給客戶，還叫他滾開。只要我高興，也可以取消潛在客戶的資格。我開除那位客戶，主要是因為他是個討厭鬼。

這種情況不一定會發生。我以前很窮時，只能勉強討好「機歪」客戶，因為我需要錢來維持生計，但我發現在這種情況下，麻煩通常比我應該賺到的錢還多。或許此刻你也想起了以前遇過類似的事，而這就是我的慘痛教訓。

> **駱鋒語錄 #45**
>
> 沒有你的允許，沒人能貶低你或侮辱你。如果你不同意，任何人都沒有資格說你的壞話。

如果你現在正好遇到了不想來往的客戶，就把他們趕走吧！反正不會有人出現在你家門口，拿槍指著你的頭，然後

說：「你必須接受我這個客戶。」沒有人會去做這種事。

你有選擇權。你可以取消客戶的資格，也可以遠離他們。

## 為何差勁的客戶那麼多？

所謂的前人智慧說道：「要對每個上門的人一視同仁！」屁啦！你聽過「80／20法則」吧？

意思就是你有80%收入是來自20%客戶。並不是所有顧客都是平等的。

剩餘的80%客戶通常沒什麼用處，但他們不一定是差勁的人，只是不適合你。也許他們在別人眼中是理想的客戶，但對你來說，他們不是合得來的對象。甩掉他們吧，或把他們介紹給別人，送他們走。

長遠來看，可有可無的客戶會讓你花更多錢和精力，但也有可能是因為，你是為了賺錢才跟他們打交道。這麼做的時候，你的正直品德已經被扔到一邊了。

你留這些客戶在身邊，其實是在傷害他們。為了他們，也為你自己著想，把他們介紹給可能合作愉快的對象吧。

為什麼要讓客戶之類的人，在你的生活中製造沮喪感、厭煩感，甚至消耗你的生命呢？

客戶是可以替換的，錢是可以替代的，但**時間**一去不復返。你現在讀這段文字也需要花時間，分分秒秒就這樣過去

了，奪不回來。重視你擁有的珍貴商品——時間——不是很有意義嗎？

我做生意時，對來往的對象十分挑剔。我嚴格奉行「零容忍」政策：

> **駱鋒語錄 #46**
>
> **要有所取捨，做事才有效益。**

- 假如我一想到要跟你一起吃午餐，我就開始擔心，那我就不會跟你做生意。

- 假如我們要開會，但你卻遲到了，那我就不會跟你做生意。

- 假如你是個負面或惡毒的人，請別出現在我的生活中，就這麼簡單。我接下來會舉例說明。

## 「與駱鋒有約」：我的一對一指導風格

我提供的全天指導服務叫做「與駱鋒有約」（Day with Dan），來自世界各地的成功企業家紛紛搭飛機來見我。

我們從上午九點到下午五點都待在會議室，一起找出事業中的潛在商機和利潤。

他們可以盡量提出問題，聽聽我的意見。基本上，那天我會把他們的事業當成自己的，與他們商量的同時，也提供他們

如何賺到更多錢的想法。那天會議結束時，他們能帶走一份關於如何讓事業提升到新層次的詳細行動方案。

「與駱鋒有約」這樣的會議，客戶一天要預付兩萬美元給我。話說回來，這是我經營生意的方式：他們要來找我，而不是我去找他們。他們搭飛機到溫哥華見我，並在我提供服務**之前**付我七萬美元的報酬，而不是在我的服務結束後才支付。

大部分有工作的人都需要工作一週、兩週或一個月後，才能領到薪水。

去他的，就連顧問，大抵上也是用這樣的模式工作。他們提供諮詢的服務後，要自己列出費用清單，甚至常常要向客戶催款。

我是輔導老師，也是人生導師。但我**不是**討債人，我不想做催款這種鳥事。我在執行工作之前就能拿到報酬。有趣的是，我通常每個月執行一次「與駱鋒有約」，但如果我願意的話，有時候是一個月執行兩次，而且我還有長達三到六個月的等待名單。

> **駱鋒語錄 #47**
>
> 窮人做完工作才領到工資。富人在工作之前就得到了報酬。

## 你收買不了我

有一次，事業有成的中國商人想請我提供「與駱鋒有約」

服務。你在美食街看過中式外送餐廳嗎？你知道他們在哪裡賣春卷、炒飯和糖醋排骨嗎？

他有十五家這類的餐廳。總之，他跟我說：「我很忙。」他希望我搭飛機去見他。「駱鋒，拜託啦。我值得你花時間。」他說。

「不要。」我回答。

他又試著說：「駱鋒，我跟你講，我會幫你付頭等艙的機票，也會幫你安排五星級飯店的住宿。你只要來我這邊一天就好，幫我分析一下事業，然後隔天早上就可以離開了。」

「不要，這不是我做生意的方式。」我再次強調。

「要不然我付兩倍費用給你，你只需要來這邊找我？」

「你搞不清楚啊，你收買不了我。我的做法是：你來找我，不是我去找你。你看起來像是好人，所以我想跟你一起做事，但如果你對我的做法不滿意，那我們就不要來往了。」

最後他說：「好吧，我去找你。」

其實，我堅守立場的態度留給他更深刻的印象。他是有錢人，通常能收買不少人，但我卻說：「**不要**。我不在乎你付多少錢，我就是不想去找你。」

諷刺的是，他想從我身上學到的其中一件事，就是如何依照自己的想法做生意。後來，他也成了與我合作最愉快的客戶之一。

對了，如果你想跟我預約一整天的輔導服務，請先到網址

> **駱鋒語錄 #48**
>
> 你不缺錢時，錢來得更快、更容易，比你想像的還快。

DanLok.com/Consulting，告知我的助理：你想預約「與駱鋒有約」的意願、專案細節以及你想從輔導中得到什麼收穫。

如果你符合條件，她會回覆你可以選擇的輔導日期。接著，她收到你的支票後，會將當天（八小時）的議事大綱、飯店資訊以及確認函寄給你。

我能以自己期望的方式做生意，也可以回絕我不想接觸的交易、專案或人。我之所以能選擇共事對象，是因為我不需要任何人給我錢。你不缺錢時，錢來得更快、更容易，比你想像的還快。

這是很有趣的矛盾修辭法。為什麼會這樣呢？原因在於你不缺錢。

你缺錢時，你是個窮人，這個道理很像約會。

想想看，你真的很喜歡某個女生時，是不是會變得興奮、激動、感性？也就是說，你的情感變得脆弱，容易感情用事。

可是，你接近她，約她出去時，她拒絕你了。為什麼？

因為「黏人」是可怕的行為。你覺得一個有魅力的女人會想跟懦弱又過度依賴的男人約會嗎？我不相信。

反過來說，「做自己」時，你會表現得很隨性，不會太過認真。然後你約她出去時，她的反應會是怎麼樣？讚啦！恭喜

你把到她了！

　　錢也一樣：你不缺錢時，錢反而會來得更快又更容易。

<table>
<tr><td>駱鋒語錄 #49<br><br>「黏人」是可怕的行為。</td></tr>
</table>

## 活學活用

一、如果沒有缺錢的問題，你會怎麼經營自己的生意？

二、你想跟什麼樣的客戶合作？

三、你會怎麼改變經營方針，讓自己賺到更多錢，也更有滿足感？

# 控管時間與生活的簡單方法

　　你的時間、知識及精力都是你最寶貴的商品。仔細想想，時間是最珍貴的資產，你的時間等同於你的生命。所以，我非常討厭別人浪費我的時間，這種行為比偷走我的錢還糟糕。

　　錢，再賺就有了，但我無法撥出更多時間。顧客是可以替換的，錢是可以替代的，只有時間無可取代。你現在讀這本書也需要花時間，分分秒秒就這樣過去了，你沒辦法替換或補充時間。

　　所以，我很明白優先考慮的事應該是保護好獨一無二的資產。但不幸的是，比起保護自己時間的方法，大多數人更在意要去哪裡吃午餐。

　　這是你每天都要自問自答的問題：「我該怎麼保護自己的時間和精力，才能專注在更接近致富目標的事？」

　　也許你想問：「這跟賺錢有什麼關係？」你是在說笑嗎？當然有**很大**的關係！你運用時間的方式會影響到你賺多少錢。

　　「時間管理」這種事根本不存在，因為沒有人能夠管理時

> **駱鋒語錄 #50**
>
> 你運用時間的方式，會影響到你賺多少錢。

間。你無法讓時間流逝得更快或更慢，也不能使時間前進或倒退，甚至不能彌補已經失去的時間。

你能做的是管理自己，以及掌控運用時間的方式。不管是世界上最有錢的人或最貧窮的人，都擁有一樣多的時間。我們每天有二十四小時，每週有一百六十八小時，每年有五十二週，不增也不減。所謂的時間管理其實是「自我管理」。

你該問自己的問題並非能不能更妥善地「管理時間」，因為你辦不到。符合現實的問題是：你**現在**關注的是什麼？你每天採取的行動是不是能讓你邁向嚮往的生活目標？還是你的行動反而使你偏離了優先事項？

你必須了解的另一件事是：你的時間有多少價值？我把答案稱為**「魔法數字」**。你沒有賺到期望的金額，工時也無法如你預期，原因在於你沒有努力持續增加時間的價值。

你知道這有多重要嗎？為了從事業中賺到理想的金額，你得要不斷增加時間的價值。每分每秒都擁有價值，你對待時間的方式以及你看待自己的方式，會影響到你餘生在事業內外遇到的所有事。

你知道嗎？如果你不珍惜自己的時間，別人也不會重視你的時間。連你自己都不清楚自己的時間有多少價值，別人為何

要重視你的時間？我常常驚訝地發現，許多人不知道自己的時間值多少，甚至不曉得如何增加時間的價值。

以下是兩個值得你思考的關鍵問題：

一、你知道自己的時間值多少嗎？

二、你知道自己的時間需要提升到多少價值，才能達成「賺夠錢」的目標嗎？

如果你不清楚自己的時間目前值多少，或需要提升到多少價值才能實現目標，那麼你就無法有效地決定時間該用在哪些活動，以及要請別人幫你做哪些事。

所以，好好想一想你的時間需要提升到多少價值，才能讓你達成目標。

> **駱鋒語錄 #51**
>
> 有錢人珍惜時間。窮人重視物質。

給你一個很簡單的任務：

回答第一個問題：你今年想賺多少錢？

把答案寫下來：＿＿＿＿＿＿

我們用一百萬美元來說明，先假設你的致富目標是每年賺

一百萬美元（如果你覺得這個金額太高，可以改用十萬美元來說明；若金額太低，也可以改用二百萬，或一千萬美元來說明都可以。）。

假設你每天工作八小時，每年工作二百二十天，也就是每年工作一千七百六十小時。將一百萬美元除以一千七百六十小時後，能得出大約五百六十八美元。

但這不是你的魔法數字。你要考慮到沒有成效和有成效的時間：將五百六十八美元乘以三，得出的約一千七百美元才是你的魔法數字。

寫下你的魔法數字：＿＿＿＿＿＿

為什麼要乘以三？因為我知道你不太可能每天八個小時都有效地工作——大家都一樣。承認事實吧，你無法時時刻刻保持生產力，至少我知道自己不能。

所以，為了每年賺一百萬美元，你每小時得值一千七百美元，也就是你的魔法數字。為什麼魔法數字很重要？因為你必須不斷問自己：「我現在做的事，真的值每小時一千七百美元嗎？」

如果答案是否定的，你要開始認真考慮**時間投資報酬率**（Return-On-Time-Invested，ROTI）。換個問法：你是怎麼投資時間的？投資後的報酬是什麼？這個數字可以幫你量化生活中

的事務，想一想，你是否有效地運用時間呢？

　　假設你花一小時除草，那就是花掉了一千七百美元！如果你能花五十美元請公司除草，何必親自動手呢？你把時間花在每小時賺二十美元的工作，要怎麼在一年內賺到一百萬美元？（然後你卻納悶自己為何賺不到目標金額。）

　　你要**擺脫**那些不值得你花時間的事。

　　這就是為什麼我不親自洗車、到雜貨店購物、用吸塵器清理地毯或記帳。我不做**任何**可以花十五或二十美元請人做的各種瑣事！

　　我這一生，只精通三、四件事，而且這些事讓我能夠賺到很多錢。

　　我連燈泡都不會換，不是在跟你開玩笑喔，不會洗碗，也不知道該怎麼處理馬桶的問題。反正我不想研究這些事，我才不管！就算我知道該怎麼做，也無法感受到做這些事的樂趣。

　　我知道，有些人會覺得：「駱鋒，別鬧了。你應該自己洗車、繳稅，每件事都應該自己來。當個男子漢吧，多做一點事又不會害到別人。而且，學會做這些事對你有好處，能讓你感到光榮。」

> **駱鋒語錄 #52**
>
> 擅長做一件事，比會做一堆事但能力普通更可取。

　　最好是啦！我只想做自己愛做的事、擅長的事。做一些不

擅長的事，根本不會讓我感到「光榮」。有什麼意義？你以為一輩子做著自己不喜歡的事，上天堂的機會就會比較大嗎？我不覺得。

不管我做自己不擅長的事，或我不喜歡的事，這輩子或下輩子都不會因此感到光榮、歡樂，也沒有回報。凡是認為我應該做那些瑣事的人，都給我滾遠一點。

我再舉一個例子：我不會下廚，也沒有學習下廚的欲望。

如果我真的下廚，應該會搞砸，也不會喜歡吃自己煮的東西。我何必花那麼多時間，去做一頓連自己都不想吃的糟糕餐點呢？

所以我請了一位名叫朱蒂（Judy）的主廚，幫我特製營養的餐點。她負責採買食材，並把烹飪需要用到的器具帶到我家。她每週來一次，用優質又新鮮的食材幫我準備餐點。

煮完後，她會幫我包好每份晚餐，分別放進冷藏室或冷凍庫。接著，她會清理廚房，所以我不需要親自打掃。

她完成後，我就有一整週營養又美味的晚餐等著我，太棒了！我只需要回到香氣撲鼻的家，把食物拿出來加熱，三十分鐘內，就有一頓好吃的家常菜了！

想像一下這個情境：主廚

> **駱鋒語錄 #53**
>
> 「做你愛做的事，錢就會跟著來。」是謊言。實話是：「學著去享受能帶來可觀財富的事，然後錢就會跟著來！」

朱蒂很喜歡下廚，而我討厭下廚。她受過好幾年的訓練，是個
廚藝高手。她幫我準備營養均衡的「超級食物」，讓我能攝取
營養，同時不用為飲食操心。我付錢請她做她拿手的事——也
是她很喜歡做的事——所以我可以有更多時間，去做自己拿手
的事。

如果有更多人這樣想，我們大家就都能夠讓自己變得更
好，不是嗎？

## 活學活用

列出你每天要做的事，並評估你做的每件事。你能把事情
委託給別人做嗎？

| 需要委託別人的事 | 誰可能會接受委託？ | 你能因此空出多少時間？ | 空出的時間有多少價值？ | 委託日期 | 委託的事完成了（核對） |
|---|---|---|---|---|---|
| | | | | | |
| | | | | | |
| | | | | | |
| | | | | | |
| | | | | | |
| | | | | | |
| | | | | | |

# 提升日常生產力的簡單技巧

週五、週六、週日我都不工作，所以基本上我在每個週末都能放三天連假。我通常每週工作三到四天，除非我需要進行重要的專案，才會在星期五工作。

我可以自由地掌握工作進度，但我不是一整週工作七天，所以我必須確保自己的工作效率很高。我會用像是不接計畫之外的來電，這種高效率的方式做事。

電話響起時，很多人都習慣馬上接電話，就像訓練有素的猴子。但我不會馬上接電話，因為我已經制定好當天的時間表，別人的步調要配合我。我只接預料之中的來電。

反正來電有90%機率並不重要，不是嗎？也有90%機率並不急，不是嗎？

我設定的「語音信箱」如下：

> 「這裡是駱鋒大哥的辦公室，也許我目前在講電話，
> 或不在座位上。請留下您的姓名、電話號碼以及來電的需

求，雖然我不會馬上回電，但我一有空就會回電。謝謝您的來電。」

或許你心想：「你是不是很難搞？」但我不會用「難搞」這個詞形容自己。我只是與眾不同。

> **駱鋒語錄 #54**
>
> 只要你能讓對方明白，他們能得到什麼好處，你就可以說服別人按照你的方式跟你做生意。

這種做法能提高雙方的生產力。怎麼說呢？因為你和我事先安排通話時，你知道我會為你預留時間。我會等你的來電，你打來時就不會沒人接聽，你會知道我在約定的時間一心一意等著你。

比爾·蓋茲安排行程的模式，是以六分鐘為一個單位，我則是十五分鐘為一個單位。一整天，我會為每件事預留時間，例如我通常在吃完午餐後查看電子郵件，接下來就不再處理郵件，改做別的事。

## 你是不是花太多時間收發電子郵件了？

我知道有些人在一天內會檢視電子郵件十次，尤其是從事網路事業的人。

許多網路企業家整天在網路上浪費不少時間，只要多擠出

了一點時間，他們就會跑到電腦前面查看電子郵件，處理完郵件後，還會再花一點時間上網。接著，他們會去eBay檢視自己下標商品的拍賣狀況，並登入臉書、Instagram或其他社群媒體平臺。

他們做完這些事後，又會回頭查看電子郵件！老實說吧，你也是這樣嗎？如果你做事時經常受到干擾並分心，怎麼可能把事情做好呢？

以前，我每天大約會收到四百封電子郵件，但我現在有虛擬助理幫我檢視郵件，所以我每天只收到二十到二十五封郵件。我會抽出大概半個小時瀏覽和回覆郵件，然後登出信箱，不再去想郵件的事。

我每天早上和下午都會查看訂單一次，因為我想知道自己賺了多少錢。我不使用即時通訊工具，因為我不想被思緒不夠清晰的人干擾。即時又快速地收發訊息，不代表你能夠提高生產力。

## 你覺得壓力很大，無法賺到更多錢嗎？

身為企業家，你有時候覺得不堪重負，而且不知所措嗎？早上一起床，就有一大堆雜事要做，而且你不知道應該先做哪件事。

大家都說要排好事情的優先順序，但你到底應該怎麼排序

才好呢？

對我來說，商業活動只分成兩種類型：營利事務和非營利事務。

非營利事務包括和朋友聊天、上網、查看電子郵件、接電話、檢查網路狀態、整理辦公室、記帳等等，都是無法帶來財富的事。

營利事務包括創造新產品、銷售產品、改善行銷程序、管理有利可圖的專案、籌集資金、尋找招攬顧客的新方法、安排合資企業的交易、建立戰略夥伴關係*、創設系統、聘請優秀人才經營事業，都是能帶來財富的事。雖然你必須處理這些事務，但不要花太多時間做不會賺錢的事——委託並外包給別人做吧！反正這些都不是最重要的事情。

> **駱鋒語錄 #55**
>
> 你每天的首要工作，就是盡力為事業創造更多營收和利潤。

## 所有成功致富者的主要共同點

很多人失敗都是因為注意力不集中。大多數努力生存的企業家忙著擔起日常的事業責任，只針對眼前的事務採取措施。

---

\* 兩家企業為了共同的商業利益而建立合作關係。

他們缺乏戰略性思維或行動，這是一大錯誤。

　　為什麼他們那麼容易分心？因為他們不清楚自己想要什麼，於是轉移了注意力。

　　當你明白自己想要什麼時，你會很專心，就好像抓得住照射到地面的陽光，並仔細檢視陽光。你似乎能夠將太陽的能量轉移到很燙的東西上，

> **駱鋒語錄 #56**
>
> 分心是窮人唯一真正的奢侈行為，專心致志才是成功的必要條件。

集中能量後，你會創造出容易引起熊熊烈火的雷射光，這就是你致富之前需要的那種專注力。

　　那麼，在日常工作中保持專注有什麼意義嗎？代表著你了解自己的優勢、擅長的項目，大概也有能力擺脫其他引起分心的事務。

　　有些人經常跟我說這樣的話：「駱鋒，我經營小企業，做一些當日沖銷、不動產的交易，還正在考慮開創新事業，但為什麼我還是沒能真正賺到大錢？」我的回答通常是：「因為你參與太多業務了，沒別的原因！」

　　聽起來很耳熟吧？如果你的情況也差不多，可以試著挑一項最有可能讓你發大財的業務。擺脫其他業務後，觀察一下進展，你會對成果驚訝不已。

## 活學活用

　　列出你每天要做的事：事業相關、工作相關以及私人的事。即使是比如除草或影印這種很小的任務，也要列出來。

| | |
|---|---|
| 1. | 16. |
| 2. | 17. |
| 3. | 18. |
| 4. | 19. |
| 5. | 20. |
| 6. | 21. |
| 7. | 22. |
| 8. | 23. |
| 9. | 24. |
| 10. | 25. |
| 11. | 26. |
| 12. | 27. |
| 13. | 28. |
| 14. | 29. |
| 15. | 30. |

　　從上面的列表找出五項能為你或公司帶來可觀收入的事，
你要盡量在這些事情上投入時間和精力。

1.＿＿＿＿＿＿＿＿＿＿＿＿＿＿＿＿＿＿＿＿＿＿＿

2.＿＿＿＿＿＿＿＿＿＿＿＿＿＿＿＿＿＿＿＿＿＿＿

3.＿＿＿＿＿＿＿＿＿＿＿＿＿＿＿＿＿＿＿＿＿＿＿

4.＿＿＿＿＿＿＿＿＿＿＿＿＿＿＿＿＿＿＿＿＿＿＿

5.＿＿＿＿＿＿＿＿＿＿＿＿＿＿＿＿＿＿＿＿＿＿＿

# |第21堂|

# 無法賺夠錢的主要原因

　　許多人無法賺夠錢的一大原因是，他們捲入了最新潮的賺錢計畫，例如最新的不動產趨勢、最新的金字塔式騙局\*，也就是所謂的「難得機遇」。

　　我以前缺錢時，思緒變得很混亂，不但買了各種有關家庭企業和商機的雜誌，還對如何在家賺錢的相關廣告相當感興趣。結果我迷上了當日沖銷、郵購商品、自動販賣機等等。

　　我一直在尋找下一件大事、下一個好主意，只要能快速賺錢就行。簡單來說，我希望不工作就能快速發財。以前我不斷從一門生意跳到另一門生意時，賺到的錢跟現在根本沒得比，差太多了。

　　這就好比許多人為了順利減肥，會去買各種器具、藥丸、課程或藥劑。有效的方法其實很簡單：適當的飲食和健身。克

---

\*　無法永續經營的商業銷售模式，慣用手法是參與者靠著介紹其他人入會而賺取佣金。

服你的惰性，起身運動吧，也別吃油膩的食物。

有效的方法其實一直都很簡單，但一般人不願意採取**簡易**的做法。他們想買立即見效的神奇藥丸和儀器，如同不斷從某個想法突然轉換到另一個想法的賭徒。

我認識一位成功經營網路公司的企業家，他的公司專門提供減肥方案。說來奇怪，他出售大約十五種不同的方案，都是出自不同的製造商，但他發現，只要找到願意買其中一種減肥藥的人，這位買家就會願意嘗試吃其他減肥藥——在幾個月內試吃一種，接著改吃另一種。

> **駱鋒語錄 #57**
>
> 大多數人都不想知道真相，只想尋找聽說不錯的事物。

## 特許經銷權真的能讓人賺錢嗎？

特許經營讓很多人賺到不少錢，但主要是授予特許經銷權的一方。取得特許經銷權的另一方，大多會落得貧困或做苦工的下場。

在任何交易中，你不是消費者就是推銷商。購買特許經銷權時，你就是消費者，把特許經銷權賣給你的人能賺到錢，因為他們是推銷商。到最後，他們才是贏家。

我的意思不是要你永遠別購買特許經銷權，而是要你注意

自己在交易中的立場。如果你想賺大錢，就得去當推銷商。你
要成為「聚財者」，而非「散財者」。

## 你被騙了嗎？

有哪些典型的話術會讓人陷入騙局呢？我來分享一下這幾
年聽過的話術。從現在開始，你在商業領域聽到類似的話術
時，請記得**顧好自己的荷包**。

- 「我是虔誠的基督徒。」（事實是，虔誠的基督徒不需要
  宣揚自己的誠心，你可以從他們的行為，來判斷他們是
  否虔誠。）
- 「我老實跟你說……」（意思就是，他從一開始就不老
  實了。）
- 「這是人生難得的好機會。」
- 「不可能會失敗。」
- 「你現在就要趕快加入。」
- 「不要錯過機會。」
- 「上帝能為我作證。」（小心閃電打在他身上。）
- 「別擔心，你不會賠錢。」
- 「我會處理好其他事，別煩惱。」
- 「這種情況只是暫時的。」

- 「這會是你做過最值得的事。」
- 「保證會超出你的預期。」
- 「只是一份制式文件，在這邊簽名就可以了。」

為什麼有人相信這些話呢？原因在於認知不足、自卑或貪心。如果你讓性格上的缺點影響到商業決策，商界就會有人用不公平的方式**利用**你。

我很明白這點，因為我在商界被騙過很多次。寧可抱持質疑的態度，凡事小心，主動發問，並顧好自己的荷包。

第四部

# 老子有錢的事業

# 比爾・蓋茲、理查・布蘭森及巴菲特共享的致富祕密

當你發現自己想向外尋找一夜致富的管道時，請一定要當心了。

也許你現在想問：「駱鋒，你說的這句話不是跟你在『迷思 #6』談到快速發財的內容互相矛盾嗎？」

不對，請別對我說的話斷章取義。我的意思不是你無法快速發財，你當然**做得到**。我也不是勸你不要找別人協助你快速發財，畢竟只有你能讓自己變得有錢。

所以，當你聽到別人說：「我們會包辦所有事，你什麼都不用做就能發大財！」你要小心了。這就像持續存在的非法金字塔式騙局——有人想誤導你時，便說：「如果你盡快入會，然後趕快拉更多人加入，就能賺大錢喔，這是個新契機。」這個時候，請抓著你的錢包，快逃啊！

賭博是很貼切的例子。賭徒之所以去賭博，就是因為他們希望不幹活就能得到很多錢。如果你是賭場老闆，那你很精

明，但如果你是賭徒，恐怕就沒那麼精明了。

我誠心希望你不要再當一個只想發財，卻不願意為了發財付出努力的「賭徒」，也不要讓自己變成這樣的角色。

為了致富，你必須**努力投入**。你不工作、不冒險，就賺不到錢。這跟運氣無關，你不需要參與熱門的新事物，只需要工作——精明地工作。

想想看世界上的成功人士：比爾‧蓋茲、理查‧布蘭森、巴菲特及歐普拉。他們從一開始就不曾參與流行的賺錢方案，而且他們一直遵循的願景是創業、為許多人提供高價值，並解決問題，這才是他們致富的原因。

> **駱鋒語錄 #58**
>
> 所有致富詭計都有嚴重的缺陷，那就是你無法掌控局面。

所以，你比較想向誰學習呢？是歐普拉，還是油嘴滑舌、快速發財的陰謀家？好好想一想。


## 尋求商機者與成功致富者的差別

尋求商機者和成功致富者之間有什麼區別呢？

### 尋求商機者：

他們發現機會時，會立即抓緊它，他們經常試著從目前的

熱門商機中大賺一筆。他們的唯一標準是：「我做這個能快速賺到錢嗎？」

例如，他們今天接觸零頭期款不動產，明天接觸郵購商品，隔天接觸當日沖銷，但他們早就把昨天參與的熱潮忘得一乾二淨。

他們購買許多能協助快速發財的產品和課程，卻只運用到其中一小部分。每次下一個流傳的「躺著賺」方法出現時，他們會馬上拋棄目前使用的方法。他們唯一的疑問是：「現在最容易賺錢的方法是什麼？」

他們缺乏策略，經常更換做法。也許他們有一些收入目標，但他們缺乏為實現目標而規劃有序的事業願景。

既然他們沒有明確的願景，當然也無法制定詳細的實踐計畫，所以，他們終究是盼望著發大財的新機會。他們很容易淪為新潮流的犧牲者，這些新潮流給人的保證，通常是不太需要付出努力就能獲得可觀的回報。

### 成功致富者：

他們完全是另一種人，對自己的事業發展有清晰的願景。最大的契機一直都在他們的事業範圍內，而不是這週人人都在談論的熱門產品。

他們的心中有目標，能勾勒出願景。他們了解生意水到渠成時的情況，並為了完成任務而研究不同的替代方案，然後選

擇他們認為最可靠的做法。

　　他們了解自己的優勢和劣勢，因此能根據優勢來創業。

　　他們也明白生意是一種從 A 點到 B 點的理財工具，並且不會對任何生意產生任何情緒。

　　他們最關心的是，生意如何滿足自己的需求，所以他們會經常思考：「這樣做能讓我更接近致富目標嗎？這是我真正想做的事嗎？」他們依照自己的生活風格偏好來創業，並常常問自己：「我做的生意能幫我實現目標嗎？」

　　以上就是尋求商機者和成功致富者之間的差異。

　　選擇權在你手上。

---

**駱鋒語錄 #59**

成功致富者的定義：有遠見的人善用別人的時間、才能及資金，使自己的遠見得以實現。

| 第23堂 |

# 理想事業的九大特點

　　賺錢是一回事，按照自己的方式賺錢是另一回事，不能混為一談。如果你真的想致富，首先要讓自己站在致富之路上。假如你把時間全花在絕對不可能致富的事，下場會是什麼？徒勞無功。

　　不幸的是，大多數人創業時都是這樣做。觀察一下他們涉足的事業：購買昂貴的特許經銷權、開餐廳、成為製造商、開零售店。

　　他們投入大量資金、時間及精力，冒著不必要的風險和累積悲慘經驗，最後卻只是賺點小錢，用時間換取金錢。

　　為什麼？因為他們認為這是值得採取的做法，不知道哪裡不對勁。

　　他們擁有掌控權，便以為這種做法是致富的康莊大道，但他們其實只是繼續換工作、不斷扮演另一個瘋狂老闆，可說是愚蠢至極。

　　經營事業並不複雜，但執行起來的難度很高。這正是最困

難的部分，也是大多數企業家陷入困境的原因。就連我自己也是做了很多次代價很高的決定後，才明白這點。

此時，有一種不安的感覺會削弱你的自信心，使你懷疑自己。假如你持續把經營過程當成問題，這代表你是抱著充滿恐懼、故步自封的心態來經營事業。你會錯過更好的契機。

如果你的情況也是如此，就要發揮出解決問題的技能和機智的特質了。因為問題出現時，你現在還來得及改進。

問題衍生愈多痛楚，就愈需要改善和執行力。無論你是在前端或後端進行高價的交易，都需要很大的勇氣和大規模行動才能看到成果。

每次你追著錢跑，想藉此解決資金問題時，你只是陷入求生的循環，但你的問題還是得不到解決。原因在於，資金問題其實無法靠錢解決，要靠你的智慧和技能來解決。

賺到的錢是創造價值的附帶收穫！想想看高收入者和低收入者之間的差別。醫生、法律事務代理人、律師、會計師、工程師的收入都很高——他們擁有你可能缺乏的專業技能。

相比之下，沒有企業或老闆願意支付高薪給領基本工資的低收入者。

在商界和生活中，只有銷售才能帶來利潤。如果你不想再變窮，就**需要**提升創造高收入的技能、溝通技巧及成交技巧。

成為良好的溝通者和成交高手，意味著你可以觸動人心、發揮影響力及說服別人。

別人擁有你需要的資源、財富、資本、影響力及人脈。你覺得是什麼因素使你和他們不同？

不管你需要什麼……你必須說服別人給你。大多數人維持窮困的狀態，是因為他們不善於與人達成協議。

一旦你知道如何實現想法、願景或提議，就可以依照自己的需求去創造收入。我的意思是，到時候你就會了解，要如何隨時賺到錢。

收入增加的速度只取決於你的行動。只要你能把堅強、恰當、成為富豪的心態及高收入的技能結合起來，就再也不必處於求生的模式了。

如果你想過更好的生活，想一想該怎麼提升自己的賺錢能力、需要培養哪些技能，以及需要改善哪些消費習慣。你需要為致富目標執行三種層次的財務管理（按優先順序）：

> **駱鋒語錄 #60**
>
> 你不只要注意自己賺多少錢，也要研究賺錢的方式。

**賺錢**：你的賺錢能力（高收入技能）每年至少要提升10%。你可以運用手邊的資源來提升賺錢能力。假如你沒有資源，那就去找一份副業來提升高收入技能。為了創造財富，你需要練好這項基本功，好處是你能夠做出好業績、成功行銷及增加營收。

**儲蓄**：你每年存的錢應該要比去年更多。

　　**錢滾錢**：你每年應該按照收入的比例來增加儲蓄的金額，做法包括投資、借助團隊的力量及管理企業。

　　把理財當成一門學科來研究，畢竟教育體制不會教你怎麼理財。只要你不斷磨練和鑽研這三方面的技能，就能實現致富目標。

## 活學活用

一、你的事業目前最多能賺多少錢？

二、你需要投資多少錢，才能開始增加儲蓄的金額？

三、你的事業像不像是一份由你主宰的工作？

四、比起你想過的舒適生活，和想買的物品所需的收入，你的
　　事業是否能帶來更高的收入？

五、你目前的事業值得你付出那麼多時間嗎？

六、你的事業有可能讓你致富嗎？

七、如果你不能工作，收入還是會源源不斷嗎？（非常、非常
　　重要）

　　花幾分鐘回答以上問題非常重要。

　　答完問題後，思考一下自己想打造什麼樣的事業。

# 富足的思維

> 「一個人的實際價值，主要取決於解脫自我的程度與
> 意義。」
>
> ——愛因斯坦

創業需要非凡的心理素質。

你要有持久的樂觀心態，不斷採取與信念一致的行動。你不能讓完美主義的性格阻礙進展，要時時坦誠面對自己。

如果生活中出現你不喜歡的事物，試著**改變**它。那如果是你不懂的事呢？去**學習**吧。

當你真正相信富足時，你就會盡力去賺更多錢，畢竟財富是取之不盡的。

你不但能利用財富幫助自己，還可以打造品質更高的生活型態、為別人創造富裕的機會。

## 特點 #1：在市場上獨樹一幟

花點時間思考：你有什麼獨特的優勢，能讓你不被電腦、外包人員或競爭者取代？接著，你應該好好發展這項特別的優勢，讓自己成為專家。

精通一項優勢後，你要找出另一項優勢，並成為該領域的

專家。

當你有了兩種「強項」，例如工程和商業，你就可以結合兩者，形成前所未有的新想法。

這樣做也能創造出一種競爭優勢，因為你可以在兩種領域之間遊走、表達兩種行話，並融合不同要素，激發出有創意的見解。為此全力以赴，能改變你的人生。

別人會花錢請你做出他們認為價值相等或價值更高的東西，因此能改變他們看待利基市場的方式，或引進能在日常生活中運用的新方法。

關於這點，你找不到指導方針或藍圖，必須靠自己想辦法，直到你具備足夠的魅力、勇氣及信譽去吸引願意支持你的人才。

再三思考你的想法後，你要採取**前後一致**的行動去創造成果。一旦你掌握了賺錢的技巧，就能開始存錢、投資及「錢滾錢」了。

我經常告訴別人：「如果你想賺到幾百萬元，就要有影響幾百萬人的能力！」

## 特點 #2：善用可靠的證據

事業的基礎必須包括：

一、市場願意付錢請你服務的證據

二、市場願意向你買解決方案的證據

三、能證實你的解決方案很出色的有力證據

話說回來，與傳統觀念不同的是：競爭有好處，因為這代表市場上有資金。

許多人跟我說：「我有個點子，但沒有人這樣做過。」這有可能是因為他們還沒從中賺到錢！我的意思不是說你不能靠新點子發財，畢竟有些人已經從中賺了不少錢。但請記住：先鋒通常躲不過明槍暗箭！

正因如此，我寧願只賣一般人會買的商品。我不想說服別人買我的商品，反正他們知道自己的需求，關鍵在於他們要向誰買。那麼，我的任務就是要讓他們相信：我提供的價值比競爭對手更多，因此他們買我的商品最符合他們的利益。

## 特點 #3：遠距工作

如果你很喜歡旅行，「數位遊牧式」遠距工作應該能讓你感到非常快樂。

想像一下，你可以在舒適的家中或世界上任何地方賺到幾千美元的畫面。隨著現代科技的發展，這個夢想很容易實現。

遠距事業意味著你可以在家裡、辦公室、海灘或你想居住

或拜訪的地方經營事業。你可以在任何地方做生意，也可以隨時上網。

我喜歡在舒適的家中工作，很討厭交通堵塞——會把我逼瘋，我忍受不了。我早上起床後，走到工作室只需兩秒鐘。我準備好一杯綠茶後（我不喝咖啡），就開始工作了。我可以穿著睡衣褲、內衣褲，或短褲搭配T恤，隨我高興。老實說，我待在家的時間太長了，鄰居甚至以為我是毒販！

如果你不必通勤上班，你知道自己能多出多少時間嗎？你可以自己當老闆、自訂時間表、挑選合作對象。

## 特點 #4：高利潤

有很多方法可以讓你賺到一百萬美元，其中一種是把利潤低的產品賣給很多很多人。這種思維模式相當於「滿足大眾的需求，便能與各個階級一同用餐」。

我會說，管他媽的大眾！管他媽的低利潤！有些企業只有5%、10%、甚至20%淨利率，還是有人願意入行。

但是，你知道低利潤的問題出在哪裡嗎？沒有犯錯的餘地，簡直是走上絕路。出現錯誤是難免的事，如果你讓自己就這樣待在低利潤的行業，你就是在自討苦吃，得到的是一張通往破產法院的單程票。

我有一個朋友買了一家「一元店」*，開始自己當老闆，經營零售業一直是他的夢想。典型的一元店淨利率是10%，也就是說他每次賣出一美元的商品時，可以賺進十美分。後來，他告訴我：「駱鋒，我人生中最快樂的兩個時刻是，我買下一元店的那天，和賣掉它的那天。」

做出成功的事業已經夠難了，為什麼要從事低利潤的事業，讓自己的日子更難受呢？

我認為淨利率愈高愈好，就事業經營面來考量的話，至少要達到100%以上。所以，如果我要賣二百美元的商品，起碼要賺到一百美元。更理想的淨利率是200%、500%以上，否則我絕不入行。

> **駱鋒語錄 #61**
>
> 我聰明到足以理解自己並不聰明。

## 特點 #5：擴展力

企業要有潛力藉著增加額外的收入來源快速成長。我必須有能力把額外的產品和服務賣給現有的顧客，而不是只做一次性買賣。如果事業最後沒有潛在的巨大利潤，我就不會涉足。

在理想的情況下，你可以運用系統、技術及外部供應商來

---

\* 商品售價大多是一美元的商店。

拓展業務，而不是單單雇用更多員工。這樣一來，企業不但更容易快速成長，你也可以在銷售額下降的期間縮減規模。否則，你的企業會像某些銷售低迷的公司，不得不為了縮減規模而解雇一大堆人。

## 特點 #6：從低資本開始

你要對投資選項抱持開明的態度，畢竟創業需要資金。一般人創業失敗的常見主因，就是把錢用完了！

你要有能力用幾千美元創業，不是靠幾百萬美元。如果一項事業需要幾百萬美元才能展開，這代表你必須向外籌集資金。我並不是說融資不好，只是提醒你這樣做就得捨棄所有權和股權，而且你需要花更長的時間來回收你的投資。

另一方面，如果你只花一萬美元創業，你只需要一萬美元的利潤就可以把所有錢賺回來，接下來，你就能輕鬆地賺錢。等你的事業發展到一定的程度，如果想要的話，你可以引進外部投資者。到那時，籌集資金就比較容易了，你也不必放棄那麼多股權，因為這時候你已經擁有經得起考驗的商業模式。

實際上，你可以在低風險的高報酬投資標的投入很少的資金，就連有錢人，往往也樂意把握住這種可靠又有高收益的投資機會。

在商界，資本就像你的保障機制。比方說，你可以想像一

個走鋼絲的表演者在第一天工作時，難免會有失誤。

他每次滑倒或失去平衡感時，就會落到下方的防護網。此時，他有機會從失敗中學習，並再試一次。但如果沒有防護網，他可能會從二十英尺高的地方墜落而死。

你的事業也適用同樣的原理。在艱困時期，如果你缺乏資本的支持，那麼在你不得不停業之前，最多也只能承受一兩次失敗。

## 特點 #7：不需要太多員工

你聽過「你的能力有多強，取決於你最弱的一環」這個概念嗎？我告訴你，這是天大的謊言。事實是：「如果你花了大半生加強自己的弱點，你人生的最後，就會擁有許多很厲害的弱點！」

如果你想盡快賺夠錢，就必須專注在自己的優勢，並把不擅長的事全部外包出去。我了解自己的優勢（不多），也了解自己的劣勢（不少）。

員工管理是我的弱項，我在這方面沒有天分，因為我不是微觀管理者*，而是宏觀思想家——注重概念的人。

如今，我經營著價值幾百萬美元的虛擬公司，跟世界各

---

\* 採取密切觀察員工的管理作風，傾向於監視和評核每一個步驟。

地許多獨立承包商合作（他們並非為我效勞）。我有強大的團隊，但沒有全職員工的麻煩事和費用的問題。

我經營了五十多個網站，但我不必每天操作這些網站。有些需要我花一點時間，有些完全不需要我操心。

經常有人問我怎麼有辦法完成這麼多事。他們不知道的是，我不必親自做事——是我的團隊在做事。我只是偶爾跟虛擬團隊*進行視訊會議，共同討論並制定發展計畫，也定期用電子郵件保持聯繫。

我的職責就是把正確的人放在正確的位置，給他們需要的資源和指示，讓他們把工作做好，並幫助他們保持專注。

> **駱鋒語錄 #62**
>
> 如果你花了大半生加強自己的弱點，你人生的最後，就會擁有許多很厲害的弱點。

## 特點 #8：低開銷

我寧可守住錢，也不願付錢給別人，自己卻分不到一杯羹。直到今天，我還是維持著精簡的規模。

我可以輕易得到豪華的辦公室，或雇用超正的助理，但我不打算做這些事。為什麼？因為我比較想把錢留在自己身上。

---

* 團隊為了達到共同目標而透過網路合作，成員主要透過電子郵件或電話保持聯繫。

　　傳統觀點的主張是把利潤再投資到事業之中，但你知道嗎？他們在亂說。很多人都把從事業中獲得的利潤，通通再投入事業——真的很白目。

　　思考一下：如果你不能留著錢進行個人投資，那麼事業陷入低谷或業績不好時，錢對你的事業有什麼價值呢？

　　事業總有起起落落，如果你認為自己的事業沒有低谷期，那就代表你的經營時間還不夠長。

　　所以，想像一下，如果你把所有資金和收益再投入事業，沒有留些資金，然後遇到了經濟低迷時期，你的事業陷入危機，那你該向誰求助呢？想想看，你也會破產，因為你沒有留下任何錢！

　　我的座右銘是像吸血鬼般地從事業獲取利潤，而不是把所有利潤再投資到事業，自始至終都要記得取出一些錢。

　　先不要斷章取義喔。我並不是說你應該取出所有錢，讓自己沒有營運資金或現金流。我的意思是你要盡量提錢，只保留剛好的資金來維持事業的運作。

　　另外，身為企業家，你需要**先付錢給自己**，不是先付錢給員工。我知道有些雇主還沒付錢給自己，就先給員工薪水，這可不是好主意。

　　如果我不開心，那麼員工也不會開心，所以我要確保自己先得到報酬。身為企業經營者，你需要個人現金流，你需要把錢留在身邊，感受一下成功的滋味。

也許你想著：「駱鋒，我不能提錢，這樣的話我的事業無法存活下來。」如果你提了一些錢就會導致事業不能生存，那你要不是得解決這個問題，不然就是乾脆不要幹下去了。

如果你涉足的行業通常有賺頭，但你的管理能力欠佳，那你真的很差勁，必須解決本身的問題。也許你已經比較過目前的事業和我在本章列出的特點，並推斷出自己從一開始就入錯行了。如果是這樣，恭喜你！

現在，既然你發現自己從事的行業很糟糕，就不應該再浪費時間了。

人生太短了，如果事業不能為你帶來更多收入，滿足你想過舒適生活和購物的需求，繼續做下去有什麼意義呢？

> **駱鋒語錄 #63**
>
> 像吸血鬼般地從事業獲取利潤。自始至終都要記得取出一些錢。

## 特點 #9：躺著賺錢

如果你待的行業每天都需要你忙著工作，你何時才能享受自由呢？一點都不自由，對吧？

簡單來說，如果你的收入取決於工時，你無法致富，也無法享有真正的自由，除非你能夠「躺著賺錢」。

如果我問牙醫或其他醫生：「假設你已經賺夠錢，以後也不需要再工作了。你還會繼續做現在的工作嗎？」我相信大多

數醫生都會毫不猶豫地回答：「不會。我會馬上不幹。」

為了用時間換錢，欠債和鑽研好幾年是划不來的。

我要的是有潛力的事業，讓我能在盡可能不需要參與的條件下賺到很多錢。

為別人工作的問題在於，你的價值是由經理或老闆決定，不是由市場決定。你的工時換來的是固定金額，而且這個金額通常不是由你制定。在工作崗位上，你很難大幅提高你的賺錢能力和收入。

但如果你掌握了市場需要的技能，你就可以索取更高的報酬，讓自己賺到更多錢。你還是在用時間換錢，但至少是用工時換取你制定的高價（換句話說，這是一大筆錢）。

> **駱鋒語錄 #64**
>
> 如果你的事業缺乏資金就撐不下去，那麼就算有資金，也可能會撐不下去。

無論你做什麼工作，你都是在為市場創造價值、幫助別人解決問題，並從中收取大把鈔票——這將會是你的基本現金流。

只要你對市場而言更有價值，並且善於傳達這種價值，就能**大幅提升**自己的收入潛力。

你有什麼獨特的「超能力」？你能帶來最有影響力的結果是什麼？別人只關心你能協助他們做出的成果。所以，你要根據這點，採用對方的表達方式來建構銷售訊息，然後提供超值

服務，才能獲得理想的報酬。

　　以上是理想事業的九大特點。現在，請對照一下這些特點和你目前的事業。你的事業符合多少項特點？你要怎麼把九大特點融入目前的事業？如果你要從頭創業，你還願意做自己手中的事業嗎？

　　如果你的答案是否定的，**現在**就是退場的時機。你需要傾聽自己的心聲，列出自己在人生中真正想得到的東西，以及你打算如何實現願望。我目前只發現網路事業符合上述的九大特點。網路幫我帶來了財富和名聲，如果沒有網路，我不可能這麼快賺夠錢。因此，如果你還沒創業，不妨好好考慮創立網路相關的事業。有必要的話，你可以利用業餘時間做這件事，等到你的網路事業收入是目前工作的兩倍，你就隨時都可以辭掉目前的工作了。

　　或者，假如你目前的事業與網路無關，你有兩個選擇：（一）盡量把線下的業務轉移到網路上。利用網路來提升經營效率、吸引新客戶，或把困難又單調的任務外包出去。（二）退出你目前從事的事業，重新創立網路事業，就這麼簡單。

　　也許你覺得這些話聽起來不舒服，但我還是要再次提醒你：如果你真的想致富，就要先讓自己像有錢人一樣思考。

> **駱鋒語錄 #65**
>
> 生命和時間的價值相等。每當你浪費時間，其實也是在浪費生命。

## | 第24堂 |

# 凡夫俗子如何在網路上賺錢？

　　既然你讀到這裡了，我相信你絕對不是輸家。所以，我相信你也想學習如何一邊睡覺，一邊在網路上賺錢，對吧？很好。因為這正是我要在以下章節說明的方法。

　　如果你想把事業做起來並賺大錢，你就要全力以赴！

　　你不知道且大多數權威人士沒告訴你的是，你實際需要投入多少心力。因此，我看過一些年輕的企業家自立門戶，然後變得不知所措，最後放棄了。他們剛開始以為創業很簡單，卻遭到一個接一個問題打擊。

　　我不明白他們怎麼會有這種想法。那些問題終究會在一段時間的幹勁下慢慢消失，直到徹底解決為止。一旦他們失去了動力，能讓他們繼續經營事業的理由，就只剩下意志力和渴望成功的心態。對大多數有著新奇事物症候群*的企業家而言，

---

\* Shiny Object Syndrome，不斷受到新事物吸引，而忽略了原本擬定好的計畫，導致一事無成。

這種欲望並不存在。

　　一般人失敗的主因與他們想到的藉口無關，純粹是他們沒有為了成功而竭盡全力。

　　所有年收入達到六、七或八位數的企業家，都經歷過無數次失敗。難道你不覺得他們能從挫敗經驗中的錯誤學到教訓，最後事業有成嗎？

　　我真心相信所有人都能致富，前提是他們肯下功夫。普通人和頂尖成功者之間唯一的差別在於，後者會**盡全力**達成目標。

　　你無法藉著觀看網路研討會來買、賣或取得這種性格，只能靠著艱苦的歷練塑造出來。


## 你能賺多少錢？

　　每個月在網路上賺到五位數沒什麼了不起，賺到六位數會有驚喜的感覺，至於賺到七位數的感受，就等著你去發現吧。

　　經常有人問我：「駱鋒，如果我想變成有錢人，應該做什麼事才好？」

　　我幫過成千上萬個「普通人」在網路上賺大錢。這跟運氣、「天時地利」之類的廢話沒有關係。

　　你知道我怎麼回應他們嗎？我說，與其直接在網路上創業，不如先培養創造高收入的技能！

　　只要你是企業家，就會經歷起起落落。有時，你會做出錯誤的投資決定或犯大錯，因此損失不少錢。

　　但如果你有創造高收入的技能可以依靠，就能撐得過去。你不必擔心錢花光了，因為你一定能賺回來。這也能解釋為什麼學習這項技能，就像是擁有一張安全網。你可以靠著這項技能快速賺錢。

　　我很幸運能用這種方式彌補虧損，而且沒有人能奪走你學到的高收入技能。

　　我有一些朋友空有事業，沒有高收入技能，萬一他們的事業出了問題，很容易陷入糟糕的處境，因為他們沒有這種可以用來扭轉局勢的技能。

　　或許你的高收入技能和我的不同，但你還是可以賺到一樣多的收入。舉個例子，我有一個朋友是交際舞教練，月薪

> **駱鋒語錄 #66**
>
> **如果你不推銷自己，沒有人會舉薦你。**

超過一萬美元。因此，交際舞就是他的高收入技能。

　　如果你擁有專業的工作技能，而且有辦法解決相關問題，那麼你每個月大概能賺到一萬美元以上。你的高收入技能可以是平面設計、程式設計、投資、演講、建立人脈──任何能為市場帶來價值的能力。

　　我學到的第一項高收入技能是文案撰稿。在遇到的第一位人生導師教我文案撰稿技巧之後不久，我擔任文案寫手的月收

入超過了一萬美元。

　　文案撰稿和成交技巧是我**強烈建議**你學習的兩項高收入技能，因為即使是在經濟衰退期間（我曾親眼目睹過），這兩項技能也派得上用場。

　　為什麼我認為文案撰稿是高收入技能呢？愈來愈多現代企業靠著網路上的銷售生存下來，因此有更多公司發覺到專業文案寫手的價值。有什麼價值呢？專業的文案寫手能運用文字吸引潛在的顧客，而好的文案能提高線上銷售額，並大幅增加企業的收入。你可以在網站HighIncomeCopywriter.com了解這項技能的相關細節。

　　即使你已經掌握一項高收入技能（例如文案撰稿），也該學習成交技巧這項技能。學著怎麼當成交高手是很重要的事，因為當你了解如何以高價成交時，就能賺到更多錢。你可以在網站HighTicketCloser.com了解這項技能的相關細節。

　　想像一下，你是有天分的文案寫手，每個月賺一萬美元。如果你學會成交的技巧後，你知道該怎麼推銷自己的服務、與客戶談成高價的生意，那麼你覺得會有什麼改變呢？你提升成交的技能後，月收入可能會從一萬美元增加到二萬美元！

　　從實際情況來看，美國家庭的收入中位數為六萬一千美元，也就是說，如果你把美國家庭的總收入由低到高排序，你最常看到的收入數字是六萬一千美元。大多數家庭的收入其實比不上有高收入技能者的一半！

　　美國排名前二十五的大城市，生活費的範圍區間，約莫是德州艾爾帕索（El Paso）的四萬美元，到加州舊金山的十一萬美元。你的高收入技能可以讓收入足以負擔包括洛杉磯、波士頓及華盛頓特區在內的美國前二十五大城市的生活費。

　　還有另一種看待高收入生活風格的角度：每次浴缸出問題時，你可以直接打電話給水管工，不必為了想把錢省下來，耗費力氣和時間看一些YouTube影片，學著怎麼修理浴缸（除非你很喜歡修理東西，但我不愛就是了）。

> **駱鋒語錄 #67**
> 每個問題都能改造成一項商品。

## 找到適合本身技能的遠距工作

　　隨著零工經濟（Gig Economy）的興起，你的確可以開始在家裡兼職接案。當自由業者最大的好處就是，你可以有效地開創自己的事業。

　　你能完全掌控案件的報價、工時及工作進度，也能自行決定執行工作的方式。

　　隨著技能進步和改變，你可以輕鬆地調整業務量。別人對你的服務需求增加後，你也可以調升費率。

　　想找到遠距工作，你要先列出自己的技能。你擅長做什麼事？你有寫作的天賦嗎？你擅長電話行銷嗎？

決定哪一種遠距工作的型態適合你之前，你可以參考一下自由業的求職平台。這樣做能讓你了解哪些技能很**搶手**，以及哪些產業在招募遠距工作者。

遠距工作帶來的收入，足以讓你避開金融危機的衝擊。即使你有帶薪假，怎麼沒想過利用假日賺點外快呢？就連沒有相關經驗的人，也可以找到遠距工作。

你可以在家裡賺錢，把這些錢用在期待的假期，而不是整天浪費時間看電視！

在你的儲蓄帳戶或應急基金中增加一些資金，絕對是個好主意。尤其在經濟局勢相對不穩定的時期，這是非常明智的做法。

> **駱鋒語錄 #68**
>
> 沒有其他管道比網路更容易、更快、更有機會在最短的時間內創造可觀的財富。

## 成功疊疊樂

我對「成功疊疊樂」的定義是：在某項高收入技能之上打造另一項技能。你需要先打下扎實的成功基礎，然後在基礎上繼續推疊技能。

我之前提過自己的第一項高收入技能是文案撰稿，而你也讀到我是如何將成交技巧這項高收入技能推疊在文案撰稿之上。既然我這幾年能成功地實現「疊疊樂」，我相信你也辦得

到！所有人都做得來。

　　我的目標是運用高收入技能，達到每年增加至少10%收益的效果。無論我的事業做得多麼好，我都不會放棄高收入技能，我要確保自己持續運用和鑽研高收入技能。

　　你知道六位數的年收入，能對一個人的生活方式帶來很大的改變嗎？這跟一個人每天早上想花五美元買一杯咖啡時，不斷地思考：「我負擔的起嗎？」是截然不同的。

　　但要精通高收入技能，需要花多長的時間呢？有些人需要花上幾週，而有些人需要幾年的時間。這取決於你的**投入精神**，以及你執行這些技能的頻率。但我見過一些能自律、盡心盡力的人，在幾週內就賺到大筆收入。

　　比方說，如果你花時間**認真**練習，並且有人生導師給你改進的意見，你就能更快談成高價的生意和精通撰稿的技能。

　　另一方面，涉足高度專業領域的人，可能需要好幾年的工作經驗，收入才會逐漸變高。

　　你向雇主或客戶推銷技能的能力，對你的收入有很大的影響力，因為成交技能會影響到你服務的客戶類型（理想的情況是優渥的報酬），或是你負責的工作內容（說服雇主給你更高的薪水）。

　　也許你不確定該學習哪些高收入技能，或不清楚自己對哪一項技能較感興趣。你可以先思考自己有哪些軟技能——也就是善於與別人互動的特質。

　　你有創造力嗎？你喜歡說服別人嗎？領英（LinkedIn）公司將這兩項軟技能列為最受歡迎的技能。不管你是哪個角色，創造力和說服力都是很重要的技能。

# 我如何在網路上脫貧致富？

為了讓你了解如何在網路上實現致富目標，先告訴你有關我的故事便很重要。我起步的流程包括：如何賺錢、虧錢以及在網路上賺大錢的方法。

我十六歲時，媽媽和我住在溫哥華**最糟糕**的社區，一起待在只有一間臥室的公寓。臥室是她的房間，我則是睡在客廳。

我還記得某天放學後，我回到家發現她把臥室的門鎖起來了。我敲門時，聽到她哭著講電話。原來，她在跟爸爸講話。

爸爸告訴她，他破產了，不能再給我們錢了。我永遠都不會忘記媽媽那時候的表情——絕望。「我現在該怎麼辦？沒有錢，我要怎麼養小孩？」她說。

從那時候開始，我告訴自己：「不管我該做什麼事，我都不想再看到媽媽那麼難過了。我不在乎代價是什麼，也不介意工作有多麼辛苦。」

這是我的人生轉折點。身為家中的經濟支柱，我知道自己有養家糊口的責任，但我不久就領悟到：一旦我們缺乏資源，

就無法保護我們愛的人。於是，我下定決心，一定要做個事業有成的人。因為我不成功的話，就無法撫養和保護我愛的人。

從此以後，我心意已決。我是獨生子，也很早就開始創業了。

某天，我在住宅區慢跑時，看到一個七十多歲的老人慢慢地除草。我問他：「要不要我幫你？」我沒有想太多，只是想幫他而已，結果他掏出二十美元給我。

此舉給了我靈感。我想著：「也許我可以靠除草賺一點錢。」於是，我開始挨家挨戶地除草。我到處除草賺到了幾百塊，第一次嘗到創業的滋味。

此後，我試過很多生意，例如自動販賣機、網路行銷、幫人修理電腦、快遞服務，什麼都做，直到我在三年內做了十三項失敗的生意為止。

我把一切都賠掉了，刷爆了信用卡，花光媽媽的存款，還向親戚借錢。但我必須把事業做起來，因為我別無選擇。

那時，我做了大多數人會做的事，例如買自我成長書籍和錄音帶、參加研討會，但還是過得水深火熱。我做了所有大師教的事：設定目標、正向思考、肯定自己、放下雜念……等，幾乎都對我無效。我還是很缺錢，賺到的錢不夠用，我很確定自己還沒實現夢想。

> **駱鋒語錄 #69**
>
> 一次談話有可能改變你的人生。

## 我偶然遇到人生導師

我注意到一個叫亞倫・雅克（Alan Jacques）的人不斷寄發推銷信，邀請我參加各種理財研討會。他寫的推銷信非常出色。

這些信有影響力，也有說服力，充滿了引人入勝的故事。他知道該怎麼寫出精彩的推銷信，簡直是行銷天才。我把他寄來的所有信件都放進三孔活頁夾，然後發現自己報名了所有他推薦的理財研討會。

我參加研討會時，有注意到坐在我旁邊的男士，但我並沒有仔細觀察他。直到我看到他的名牌寫著「亞倫・雅克」，頓時大吃一驚。

我心想：「他真的是**那個**亞倫・雅克嗎？怎麼可能？不可能啊。」

然後，我忍不住緊張地問他：「你是亞倫・雅克嗎？」

「是的。」

「天啊，你的郵寄名單上有我的名字。我一直都有收到你寄的信，所以我才會在這裡。」

「太好了，我很高興得知你喜歡這些研討會。」他以為我是為了研討會而來。

「不是啦，我不是為了研討會。我是因為很喜歡你的推銷信才來的！我喜歡你銷售和行銷的方式，還把你寄來的推銷信

都放進三孔活頁夾,好好研究一番。」

「真的嗎?」他看起來很驚訝,有點受寵若驚:「你知道嗎,大多數人收到推銷信的反應,都是直接丟到垃圾桶。」

「那是因為他們不了解這些信的價值。他們把重點放在物品本身,卻忽略了把物品**賣出去**才是關鍵。」

「年輕人,你說的沒錯。我覺得你的心智很早熟。」他的臉上露出了微笑。

> **駱鋒語錄 #70**
>
> 如果你能靠自己達成目標,你早就達成目標了。

那時,我突破舒適圈,提出一個我目前問過最聰明的問題:「我不想打擾你,但是我可不可以請你吃午餐?」

「怎麼會打擾到我呢?我總得吃飯。」他同意了。

## 我賺到一百萬美元的那年

吃午餐時,我們相處得像老朋友一樣。亞倫非常關照我,而我成了他的學徒。我整整一年辛苦地幹活,只換來一點錢,但我不介意,畢竟我在他底下工作不是為了賺錢,而是因為我想學習。

那時,我發現只要在紙上寫字,然後把紙放進信封並寄出去,就能領到錢。對我來說,這是突破性的發現,我很吃驚。

我告訴自己：「這是世界上不用靠武力就能賺到錢的最佳途徑。」完全取決於你怎麼看待，我受此事影響頗深。

當時，我成了他公司裡的文案寫手。我負責做單調的苦差事、寫信、裝入信封袋，到郵局寄件。那年，我賺到了一百萬美元，可以說是我賺到的學費。

找到人生導師指點我，是我解決問題的辦法。雖然我的辦法不一定適合所有人，但確實對我有效。我的生活在幾個月內的確產生了變化，因為我學會了把文字兌換成現金。

> 駱鋒語錄 #71
>
> 絕對不要按工時計酬。

## 我是怎麼遇到第二位人生導師的？

我為亞倫工作一年後，成立了一人廣告代理商，並為客戶撰稿，賺取幾十萬美元。當我學會做得更好、表達得更有力時，我開始索取更高的費用，這是我第一次察覺到高單價銷售的威力。

一年內，我從原本跟客戶收取一千美元，提高到一萬美元，而且工作量不變。連我自己都嚇一跳！我年輕時就賺到六位數，感覺自己像個有錢人。

我決定提出一點錢，從香港買一些李小龍的收藏品，然後在eBay銷售。我就這樣進入了網路交易的世界。

> **駱鋒語錄 #72**
>
> 你在為發財的事煩惱之前，先在網路上賣出第一件商品吧。

我瀏覽eBay時，看到一本很吸引我的書——丹‧佩納（Dan Peña）寫的《第一次賺到一億》（Your First 100 Million）。點進去後，我看到價格是四百美元，我心想：「這他媽的是什麼書啊？哪個正常人會花四百美元買一本書？我才不信。」

你一定沒猜到，我就是買下那本書的傻瓜。我讀完後，書中的內容對我產生非常大的影響力，丹‧佩納就是我想學習的對象。

## 我參加了格思里堡的「重大突破」體驗營

二〇〇三年，丹‧佩納拒絕指導我。拜託他當我的人生導師並不容易，但我堅持不懈，每天都打電話到他的辦公室，直到他答應為止。

那時，我還是個戴著眼鏡的年輕小伙子，穿著尺寸過大的廉價西裝。但正是在二十多歲時對他懷著深深的敬意，我才有動力找他當我的人生導師，希望他能幫助我把事業提升到另一個層次。

當你決定讓某個人當你的人生導師時，他一定是比你更成

功的人。遇見丹之後，我在他的格思里堡（Guthrie Castle）經歷的一切，大大改變了我的人生。

丹・佩納的QLA研討會跟我以前參加過的勵志、商業或行銷研討會完全不同。那些研討會不能和為期一週的「城堡體驗」相提並論！我稱它為個人與事業生活的「重大突破」體驗營（Quantum Leap Advantage；以下簡稱QLA）。

剛開始，我在那座城堡的環境中覺得很不自在。當時，我差點付不起飛往格思里堡和培訓的費用，但我明白環境對一個人的轉變相當重要。

待在城堡的那段期間，你會發現周遭都是能讓人聯想到財富的物品，例如古董、水晶杯、布置精美的寬敞房間。當你身邊充滿了象徵財富的物品，你就會想追求財富，這正是讓我覺得不自在的原因。

我不習慣過著如此奢侈的生活，但我在那裡學到了很多寶貴的知識，包括有些人研習QLA後無法成為億萬富翁的原因。成果取決於各自有多麼渴望實現自己的願望。

我以前總覺得，每天工作十到十四個小時就代表我很努力工作，但我參加QLA後才發現，工時長不代表努力。研討會

> **駱鋒語錄 #73**
>
> 你認為最有成效的點子通常會讓你失望。但如果你只是為了樂趣，而提出看似愚蠢又瘋狂的想法，往往能產生意想不到的結果。

在下午六到七點結束後，我發現人生導師還在辦公室工作。他告訴我：「現在的年輕人工作效率都不高，甚至連『高效率』是什麼樣子都不知道了。」

## 我賺到幾百萬美元的那年

我從丹‧佩納身上學到最重要的知識，就是財務與事業運作的方式。他經常考驗我，他教會我怎麼看待其他事物，以及如何把眼光放得更長遠。

我賺到不少錢，年紀輕輕時就「自我感覺良好」。但無論我做了什麼事，每次我和丹談話後，都會發現自己比不上他。

我打電話給他。他問我：「你現在賺多少？」

「半個一百萬。」我自豪地說。

「所以你現在是何方神聖？半個百萬富翁嗎？」

他告誡我要開創別的事業，但我說：「不要。我不想再創業了，這不是我想做的事。」

丹回答：「這次換個領域做吧，去找一個有影響力又繁榮的領域。」

問題是我不需要再靠創業獲利了，因為我已經「證明過了」。現在，我要做的是根據自己的心願和優勢來塑造事業，所以，我就照著自己的想法做了。從那時起，我開始投資許多不同的公司，包括各種商業交易。

　　我研究了許多不同的業務，然後回頭調整事業，徹底改變經營的方式。在此之前，我擁有的一切事業，我都佔100%的股份，但現在，我所有的業務都是採合夥制。

　　我和一群創業投資公司的夥伴合作，在二十九天內推出新產品，創造了超過十萬一千六百九十四美元的收益。而且我把其中大部分的錢，拿去開創不同利基市場的網路事業。

　　我開始將許多差事外包給別人做，並打造了強大的團隊。憑著我的經驗和技能，我能夠在利基市場占上風，同時快速增加收入。

　　二〇〇五年，我在年底達成的銷售額是四十六萬七千零九十六美元九十二美分。到了二〇〇六年，我成了百萬富翁。接著，我在二〇〇七年達成的銷售額是前一年的兩倍，並在二〇〇八年又翻倍了。我不告訴你今年賺了多少錢，反正你應該不會相信我說的數字（我不在乎你怎麼想……）。

　　我在三十歲時，已經賺到了幾百萬美元。對我來說，有效的途徑是找到人生導師。

　　在我成長的過程中，缺乏爸爸的陪伴，所以我把亞倫・雅克和丹・佩納視為我的父親。你要做的是找到一個能與你產生共鳴、讓你尊敬的人。

　　也許我的辦法不適合所有人，但確實對我有效。只要你遇到了值得信任、願意引導你的人，一切都會好轉。

　　真正的人生導師會關心你的成就，指引你朝著正確的方向

前進。在你的夢想中，他就是你渴望成為的角色。誰在做你想做的事？誰出現在你的夢想？誰實現了你渴望的心願？而且他持續這樣做。

不要到處向不同人學習，你只需要找到一個適合的人選，並追隨他的腳步。畢竟學習是為了達到精通的境界，一旦你找到了合適的人，他就能幫助你實現所有目標。我一找到人生導師，便全心投入學習。

這種事能在一夜之間發生嗎？不能。容易做到嗎？不容易。值得做嗎？當然！

> **駱鋒語錄 #74**
>
> 失敗是一種資源，能幫助你找到自己的能力極限。

| 第26堂 |

# 靠網路致富的七大金律

你在網路上創造財富之前，務必遵守某些規則。你要有特定的思考模式，並反覆執行營利的指導方針，堅持不懈。

## 金律 #1：優先考量到市場

你鎖定的市場比你銷售的產品或服務更重要。一般人失敗的主要原因是，花太多時間設計理想的產品，卻忽略了產品是否有合適的市場，這是很嚴重的錯誤。

你決定在網路上展開獲利方案的成功關鍵是：有效的市場調查。請記住，買家下單並不是因為他們了解你賣的產品，而是因為他們覺得有人**了解他們**。

我犯這種錯誤很多次，也因此覺得內疚。在我的行銷生涯初期，我有無數失敗的商業點子，稱不上是贏家。不過，我這幾年不斷改善市場調查技巧，成功率大幅提高，所以我的收入也跟著大幅增加。

研究一下你的市場，並找出消費者需要什麼、願意買什麼產品吧。你不能從自己的角度去揣測他們可能會買、應該買的產品，而是觀察他們已經把錢花在哪些事物上。

問問自己：

- 市場上是不是已經有我想賣的類似產品了？
- 我鎖定的是消費者願意掏錢的市場，還是沒錢的人尋找免費資源的管道？
- 市場夠大嗎？
- 我在市場上找得到合資經營的夥伴嗎？
- 我聯繫得到買家嗎？
- 我能引導流量到自己的網站，並吸引消費者購買我的產品嗎？

自問自答要從有發展性的話題開始。許多網路企業家之所以失敗，是因為他們選擇了欠缺後端潛力的利基市場。他們挑選的利基市場沒有穩固的立足點，而且在第一次交易後沒有其他銷售機會。

你要從有望成功的市場著手，找出消費者習慣把錢花在特定產品的利基，例如打高爾夫球的人。喜歡打高爾夫球的人很重視球技，他們為了降低桿數，願意花大錢買新配件、讀新書、看新影片等等。

你要賣已經證實賣得出去的商品。如果你想知道哪裡可以賺到錢，只要觀察錢被花在哪裡就行了。

## 金律 #2：架設簡單又容易操作的銷售網站

你知道大多數網站的最大缺陷是什麼嗎？網站不是依據**銷售**目的而設計。如果你想在網路上發大財，關鍵在於網站上的所有內容是否都是為了唯一的宗旨：銷售。

> **駱鋒語錄 #75**
>
> 你對市場和核心業務的認識有多深入，是致富的關鍵因素。

許多人經常搞錯重點。如果你的網站不能促成銷售，無法說服訪客消費，那麼就算你有世界上最棒的產品也沒有意義。

重點不是你的網站看起來有多麼專業，或在搜尋引擎中的排名有多麼高。你的網站增加多少流量也不重要——網站不能促成銷售的話，流量毫無用處，道理就是這麼簡單。

也許你想在網路上賣花、電子書，或宣傳公司形象、會員網站……等，重點全都一樣：你是在銷售。別把網站當成廣告手冊，你應該把自己的網站當成全年無休的虛擬推銷商。

你的網站一定要有銷售效果，也要精準地把資訊傳達給目標客群。每次有訪客瀏覽你的網站時，你只有一次成交的機會，只有一次，別指望有第二次機會。

網站上的每個部分都應該用來讓你的虛擬收銀機響個不停,包括銷售文案、按鍵、導覽設計。

## 金律 #3:打造事業,不等同於打造搖錢樹

我吃了不少苦頭才記取這個教訓。以前,我老是追求「賺快錢」的交易,也架設了一些小型網站。只要有人按下特定的按鍵,我就能賺到一大筆錢。

我賺了不少錢,但沒有「賺夠錢」。我不是在打造事業,只不過是在打造搖錢樹。不要犯像我一樣的錯誤,因為這不是長期累積財富的方法。

事業的資產包括客戶名單、產品及品牌,這些都是你的資產。窮人專心賺錢,而富人專心創造能賺錢的資產。小小的區別,卻有大大的差距。

## 金律 #4:在業務中創造多種收入來源,而非創造多元化業務

許多理財大師都贊成創造多種收入來源。基本上,這個有影響力的概念是在說:「別把雞蛋放在同一個籃子。」如果某種收入來源中斷了,你至少還有另一種收入來源可以依靠,這種做法對累積財富很有利。

很多人誤解了這個概念。對企業家來說，試著透過十種不同的業務來賺錢，就像是一場災難，很容易陷入混亂。你真正需要的，是在某項業務中擁有多種收入來源——來自同一處的集中收入流。

這樣一來，你就很有機會致富。同時進行無數的瑣事，無法讓你迎向成功，因此，你要鎖定**一個**市場，並滿足特定目標客群的需求。

我當然知道網路上到處都是商機。我也有「創業注意力缺失症」，從來不缺好點子。

但請相信我，不要突然從一個市場轉換到另一個市場，也不要對你想到的每一個想法太過執著（以免在過程中把自己逼瘋）。我建議你從一個市場中盡可能榨取錢財就好。

在你目前鎖定的市場中盡力利用賺錢途徑，你賺到的錢一定會比轉換市場更多。你可以提供多種產品吸引顧客購買，並為自己的網站尋找不同的流量來源。

你待在市場的時間愈久，就愈了解市場上的買家，並賺到更多錢。從一開始，你就要盡量從單一市場中創造許多賺錢的管道。

當然，我在不同市場有多種業務，因為我已經建立了相應的制度。我可以在利基市場找到其他合作夥伴，也已經設計出可以複製的模型，但我一開始只鎖定一個市場，我建議你也這樣做。

先盡力把一件事做好，再做其他事吧。只要你全力以赴，就能多賺五到十倍的錢。

## 金律 #5：利用別人的時間和資源

你每天只有幾個小時可以運用，即使你不睡覺，也只有二十四小時而已。你永遠都不可能在某天工作二十五小時，所以，在時間有限的條件下，你該怎麼靠事業賺更多錢呢（先不管你目前處於哪個階段）？

你要利用別人的時間。把差事委外辦理使我成為富豪；如果我當初沒有把工作外包出去，我就不會有今天的成就。

請不要誤會我的意思。我還是有事情要做，但對我來說，我做的事不像工作。我愛我做的事，我很喜歡自己的產品、顧客，也熱愛經營自己的事業。如果有我不喜歡的事，便委託給別人處理；這些事成了他們的工作，不再是我負責了。

不過，我也安排很多時間放鬆。我每週只工作四天，而且我工作時，沒有像賺得比我少的人那麼辛苦。和街道對面的建築工人相比，我就像一隻懶惰蟲。

靠勞力工作是很累人的。即使你把我和那些更努力工作的一般醫生、律師或會計師相比，你會發現他們比我更辛苦。

我先聲明，我不是技術人員，也不懂程式設計、HTML、JavaScript。坦白說，我覺得自己的時間不值得用在學習這些

事，而且我對怪咖愛研究的代
碼一點也不感興趣。我直接到
elance.com 或 guru.com 之 類 的
網站，找人幫我做這些事就可
以了。

> **駱鋒語錄 #76**
>
> 善用別人的資源和「事物」來幫你賺錢。

　　如果你想追求利潤最大化，就要開始試著外包。當你終於
學會請人做你不喜歡的差事，你就能撥出時間做你真正想做的
事，然後你會覺得「人生無限好」。

　　你學會外包後，最後工作量會達到像我一樣的境界。在事
業的日常經營方面，我需要做的事非常少。


# 金律 #6：利用你的個性來推銷

　　一般人會和自己認識、欣賞及信任的人做生意。你和客戶
的溝通方式應該展現出個人特色和友善的一面，書寫的風格也
應該和平常說話的風格一致。溝通時，要保持一對一，不要一
對多。

　　比起大公司，一般人更相信另一個人說的話。大公司給人
的印象是難以捉摸、冷漠、不容易妥協，但活生生的人通常有
友善、關愛的態度。

　　勇於與眾不同，不要隨波逐流。要有趣、活力充沛、令人
興奮又愉快，不要表現得令人厭倦或無精打采，時時保持真誠

和真實的一面。你要先了解自己——核心原則和個性，然後運用到你做的每一件事。

別害怕說出自己的故事。你可以分享成功和失敗的經驗，並透露自己的缺點。為什麼？事實不如故事有賣點。你能根據自己的產品或服務，寫出觸動人心的故事嗎？好好想一想，你以前是個怎樣的人？你現在有什麼改變？你為什麼現在要做這件事？

## 猜猜這是誰？

- 我以前沒有朋友。
- 我以前很缺錢。
- 我以前是個肥子。
- 我以前住在只有一間臥室的公寓。
- 我讀過七百多本有關個人成長和成功的書。
- 某一天，我決定改變人生，再也不勉強接受比不上我真正嚮往的生活。
- 我開始把自己從書籍、錄音帶、研討會中學到的知識應用到生活之中，結果不到一年，我的人生從此改變了。
- 我在一年內成了百萬富翁，住進了豪宅。
- 我把自己學到的知識錄進一些錄音帶。現在，我希望幫助你把人生變得更好。

這是誰的故事？東尼・羅賓斯（Tony Robbins）。

## 猜猜這是誰？

- 我有兩個爸爸。
- 一個爸爸受過高等教育，有才智，也有博士學位。
- 另一個爸爸沒有完成國二的學業。
- 兩個爸爸都事業有成，一輩子都很努力工作，也都賺到豐厚的收入。
- 但是，一個爸爸終生為了財務苦苦掙扎，而另一個爸爸登上夏威夷的富豪榜。
- 我九歲時，決定聽「富爸爸」的意見，並向他學習有關錢的事。所以，我沒有把親生「窮爸爸」的話聽進去，即使他有大學學位。
- 我在四十七歲時實現了經濟獨立。我想把「富爸爸」教我的秘訣傳授給你。

這是誰的故事？羅伯特・清崎（Robert Kiyosaki）。

他們有什麼共同點？都是藉著說故事的能力來建立商業帝國。**性格導向行銷**（Personality-Driven Marketing）意味著塑造個人的形象。你可以做自己，但也要**擴大**影響力。

## 金律 #7：把事業調整成自發性成長的模式

你經營事業時，要盡量把事業調整成自動賺錢的模式。

你可以運用強大的廉價技術來經營事業。掌握技術後，就能增加你的優勢。

例如，你可以利用連續的自動回覆訊息功能，長期把有價值的資訊發送到客戶或潛在客戶的電子郵件。或者，利用選擇性填寫電子郵件的功能，並附上有說服力的報價，就能隨時建立郵寄名單了。

如果你在網路上已經有能獲利的事業，不妨記錄一下你採取了哪些步驟才賺到錢。你要找出能獲利的核心事務，然後利用技術或請人不斷重複執行流程。

> **駱鋒語錄 #77**
>
> 別再砸錢投資虧錢的項目了。

這項建議已經讓我賺到不少錢：多做有效用的事，少做嘗試修復的事。你要持續做那些能帶來大量收入的事，但也要用心微調做法，才能一再事半功倍。盡量讓事業自動化吧。

前幾天，我和叔叔講電話時，就像平常一樣聊著家人的事。他說：「駱鋒，你還在搞網路那些鬼東西嗎？」

「對啊。」

「你什麼時候才會像別人一樣去找工作？」

「嗯……等到海枯石爛。」

他根本不懂，以後也不會懂。沒關係，反正不管怎樣，大部分的朋友和家人都不會了解你做的工作、你賺錢的方式。別跟他們解釋了，專心賺錢吧，然後買些高檔的禮物送他們。

網路可以為你的事業帶來夢寐以求的生活方式、財富、閒暇時光、自由或其他事物。

我認為自己找不到比網路事業更優質的事業了，因為我發現網路是理想的致富事業。如果你下定決心在網路上賺錢，你要**相信自己**有能力而且一定做得起來。只要你肯開始做，永遠不嫌晚。

# 我現在到底該做什麼事？

　　既然你已經讀到這裡，就代表你已經服用了不少「駱鋒仙丹」。

　　許多人讀到這類的書時，會變得很激動、興奮、上進，然後問自己：「我應該從哪裡開始做？下一步是什麼？」

　　我在寫這本書之前，是打算寫和一般商業或成功主題的書不一樣的內容——能解決生活型態選擇和理財問題的內容。我讀過很多提供好點子的書，但這些書都沒有明確說明後續的步驟。你對那些作者提出的想法很感興趣，但你的人生還是沒什麼改變，沒有達成自己期望的結果。坦白說，你根本就不該讀那些不切實際的書，因為你讀完只會覺得困惑。

　　所以，我剛開始寫這本書時，曾提醒自己：「我才不要像那些作者一樣。」既然我要寫書，就要用自己的方式寫——駱鋒的專屬風格。

　　我在前言的部分告訴過你，你無法從這本書找到所有釐清問題的答案。你可以找到一些解決辦法，但不是全部。我寫這

本書是為了給你一些工具和策略，幫助你找到自由和解決辦法。我希望透過文字督促你從不同的角度思考，找到另一種更理想的生活方式。

我相信你察覺到了：我盡量用坦率、不拘束的方式表達觀點，包括談論我的成功經驗、失敗經驗、缺點，以及我犯過的一些錯誤和學到的教訓。我試著用通俗易懂的用詞，不寫學術性的廢話。我希望你會喜歡我的文字作品。

在這趟閱讀的旅程中，我知道你有時候會覺得我的語氣咄咄逼人，這是我身為人生導師的風格，但至少你現在搞懂了「賺夠錢」的真正含義。這本書不只是一本書而已，也是經營事業的新途徑，你能從中發現全新的思維方式，以及全新的生活型態。

現在輪到你採取行動了。只有你才能把我提到的策略和技巧應用到你的生活中。這些點子只有在你採取行動的時候才有效，除非你動起來，要不然點子沒有任何用處。

我猜，有些讀者看完這本書，把書放下後，不會在生活中實際採取行動。即使他們把書中的內容分享給一些朋友，卻懶得為了改變而採取必要的行動。對他們來說，這本書只是另一本從閱讀清單上劃掉的項目罷了。

我不希望你也這樣做。我

> **駱鋒語錄 #78**
>
> 可靠的承諾，是經過精心籌劃的保證。

知道改變不簡單，但真正阻礙一般人致富的最大障礙是：他們以為自己不需要別人的幫助就能變成有錢人，也認為自己沒有必要對別人負責。

大錯特錯。

## 好康 #1：
# 找出你的高收入技能

你注定要學習的高收入技能，是實現致富的第一步。下方的小測驗可以幫助你了解什麼技能適合自己的個性。請在你認為最能貼切描述自己的答案旁邊打勾，完成後再計分。

你讀試題時，請忽略每個選項前面的字母「A」和「B」。完成測驗後，才需要將這些字母用於計分。

請記住，沒有所謂的**標準答案**或**必備技能**。所有技能都有各自的優點，全都有你可以用來實現致富的優勢，值得受到你的認可！

## 一、哪一項最能貼切地描述你？
○ B：「我無精打采時，比較喜歡獨處。」
○ A：「我無精打采時，和別人在一起就能恢復精神。」

**二、如果我能決定工作流程，我會：**

　　○ B：確保交到我手上的工作很順利。

　　○ A：把工作委派給別人。

　　○ B：獨自完成工作。

　　○ A：讓別人發想點子，而我負責執行。

**三、哪一種情況讓你最沮喪？**

　　○ B：「我討厭每天都要進辦公室。」

　　○ A：「工作讓我精疲力竭，或沒有成就感。」

　　○ A：「我覺得自己並沒有朝著更偉大的使命或目標
　　　　　前進。」

　　○ B：「我有潛力，卻不知道從何開始。」

**四、如果我認為某個重要的事物可以用來幫助人類，我會：**

　　○ B：研究。

　　○ B：設計。

　　○ A：銷售或推廣。

　　○ A：建造。

**五、哪一種情況讓你最開心？**

　　○ B：「我能過著充實的生活，也有能力施捨、愛別人、無
　　　　　拘無束、幫助別人。同時，我領著優渥的薪水。」

○A：「盡力讓家人過著品質很高的生活，並給他們需要
　　　的支持和愛。」

○B：「花更多時間陪伴家人和朋友，以及做我喜歡做
　　　的事。」

○A：「成為全球社會運動的一分子，參與我非常認同的
　　　使命。」

## 六、你理想中的每週工作模式是什麼樣子？

○B：「我希望每天在咖啡店花幾個小時安靜地用筆電工
　　　作，或是環遊世界。」

○A：「我想在辦公室或其他據點做全職工作。」

○A：「我想花上大半天做自己喜歡的事，然後在晚上工
　　　作幾個小時。」

○B：「我想在清晨工作幾個小時，然後把其餘時間用來
　　　做自己喜歡做的事。」

## 七、如果我可以選擇，我想為了什麼工作？

○A：傭金。

○A：顯眼的頭銜。

○B：安全感或舒適的生活。

○B：熱情。

把你勾選的「A」和「B」數量分別加起來後，就能知道你的得分：

A：_____

B：_____

如果你的「A」得分比較高，你就是高單價銷售者（High-Ticker Closer™）！

如果你的「B」得分比較高，你就是高收入文案撰稿者（High-Income Copywriter™）！

翻到下一頁，你可以讀到更多關於高單價銷售者和高收入文案撰稿者需要知道的資訊。

# 恭喜你！

## 根據你的答案，你很有潛力精通……

## 高單價銷售法

如果別人擁有的新車、調薪機會或愛人，是你渴望在生活中擁有卻只有乾瞪眼的份，你要做的事，就是培養出達成協議的能力。

高單價銷售法為企業帶來利潤的效果，能使你贏得尊重和認同。因此，你更有機會自由地旅行、四處遊走，並擁有更豐富的人生體驗。

高單價銷售者主要是與人打交道，這也是他們擅長且喜歡做的事。如果你很會講故事，也很有魅力和活力，那麼這些出色的優勢能讓你成為高薪、受人尊敬的高單價銷售者。

高單價銷售法是大多數企業都需要的技能。企業都想從客戶身上賺到更多錢，不是嗎？高單價銷售者能幫助企業做到這一點，而報酬是換取傭金。他們一天下來只需要工作幾個小時，因為他們不是領固定薪資，也不是按工時計酬。你擁有的技能愈多，報酬就愈高。

這項技能很簡單，但學起來並不容易——與快速致富或「錢從天降」無關，而是與「為商界提供實際價值，能換取金

錢」有關。

如果你能培養這項技能並堅持不懈，你就有機會找到能在餘生從事的職業，而且你的收入很高，也能享有成就感。

我曾經歷過許多沉重的打擊、好幾年的反覆試驗以及投入大量金錢，才學會了這項技能，我不希望你像我一樣繞遠路。

想了解怎麼用最快的方式變成高單價銷售者嗎？

請點進網址：HighTicketCloser.com

## 高收入文案撰稿法

撰稿是我培養的第一項高收入技能，有三大特點：（一）工作內容有啟發性、有趣、有挑戰性。（二）獨立。（三）有明確的意義和目標。

文案寫手善於分析事情，說話時也經過深思熟慮。他們善於觀察細節以及注意到大多數人忽略的部分，而這些重要的優勢讓他們能勝任文案寫手的工作。

比起交談，寫作通常能更清楚地表達想法。與大多數人相比，文案寫手有更深入思考的天賦，可說是天生的寫手。他們具備**思考**、**反省**及**解決問題**的能力。如果你是高收入文案撰稿者，一定有這三種與生俱來的優勢。

　　即使你不懂撰稿，還是可以從現在開始學習這項目前很搶手的技能。

　　撰稿需要有能力用文字說服別人「同意」你的觀點，而且敘述時要採用口語化的方式，切忌寫得艱深難懂。

　　撰稿是所有企業都需要用來吸引更多客戶的技能，除此之外，企業會願意聘請寫手，因為他們沒有充分的時間或缺乏寫作的技能。

　　如果你能培養撰稿技能並堅持不懈，便有機會在餘生從事這種讓你有成就感的高薪職業。而且，這項技能的三大特點，是所有高收入文案撰稿者都需要具備的有利條件。

　　我想把自己擔任文案寫手的成就歸功於第一位人生導師：亞倫・雅克。他友善地收我為徒，並把他學到的知識傳授給我。我也想為你做同樣的事。

　　想了解怎麼用最快的方式成為高收入文案撰稿者嗎？

　　請點進網址：HighIncomeCopywriter.com

## 好康 #2：

# 在接下來的三到十二個月開始賺大錢

我寫這本書的用意，就是要幫助你盡快將學到的知識應用到致富目標上。

達成目標並創造豐厚利潤的其中一個方法，就是遵循我設計的公式，掌握「財富三角」（Wealth Triangle）——發財後，**繼續保持富裕**。我提出的這個概念，可以讓你在短期間內獲得六位數的收入。

「財富三角」由三個部分組成（三角錐的三面），不但能幫助你創造財富，還能提高收入。第一面是高收入技能；第二面是可擴展事業；第三面是高報酬投資。

我對**高收入技能**的定義是：每個月至少能讓你賺到一萬美元的技能（合理的六位數年收入）。另外，這是一項為市場提供價值的技能，因此你可以收取**高額費用**。

**可擴展事業**是指你不需要太多設施就能進行的生意。例如，網路業務可以在沒有大量設施或職員的情況下，實現大幅成長。你甚至可以在家裡經營網路事業，開銷並不大。

首先，高收入技能可以幫你帶來收入。可擴展事業可以幫你帶來現金流。然後，三角錐的第三面——**高報酬投資**——能增加你的資產淨值。我把這套流程定義為一種投資標的，每年能帶給你至少10%年報酬率。

　　現在，讓我牽著你的手，讓我——駱鋒——成為你的人生導師，直接帶領你實現夢想中的生活……我現在就能帶你迎向目標。

　　點進網址 DanLokShop.com 不會花你很多時間。你不需要費心猜測，就能馬上找到祕訣。

　　**開始行動吧！**

亞當斯密013

# 26堂致富心態校準課
## 世界富豪導師DAN LOK駱鋒的「老子有錢」哲學
F.U. Money:
Make As Much Money As You Want And Live Your Life As You Damn Well Please!

作者　駱鋒（Dan Lok）
譯者　辛亞蓓

**堡壘文化有限公司**

| | | | |
|---|---|---|---|
| 總編輯 | 簡欣彥 | 行銷企劃 | 許凱棣、曾羽彤、陳品伶 |
| 副總編輯 | 簡伯儒 | 封面設計 | 萬勝安 |
| 責任編輯 | 簡欣彥 | 內頁構成 | 李秀菊 |

**讀書共和國出版集團**

| | |
|---|---|
| 社長 | 郭重興 |
| 發行人兼出版總監 | 曾大福 |
| 業務平臺總經理 | 李雪麗 |
| 業務平臺副總經理 | 李復民 |
| 實體通路組 | 林詩富、陳志峰、郭文弘、吳眉珊 |
| 網路暨海外通路組 | 張鑫峰、林裴瑤、王文賓、范光杰 |
| 特販通路組 | 陳綺瑩、郭文龍 |
| 電子商務組 | 黃詩芸、李冠穎、林雅卿、高崇哲、沈宗俊 |
| 閱讀社群組 | 黃志堅、羅文浩、盧煒婷 |
| 版權部 | 黃知涵 |
| 印務部 | 江域平、黃禮賢、林文義、李孟儒 |

| | |
|---|---|
| 出版 | 堡壘文化有限公司 |
| 發行 | 遠足文化事業股份有限公司 |
| 地址 | 231新北市新店區民權路108-2號9樓 |
| 電話 | 02-22181417　傳真　02-22188057 |
| Email | service@bookrep.com.tw |
| 郵撥帳號 | 19504465 遠足文化事業股份有限公司 |
| 客服專線 | 0800-221-029 |
| 網址 | http://www.bookrep.com.tw |
| 法律顧問 | 華洋法律事務所　蘇文生律師 |
| 印製 | 呈靖彩印有限公司 |
| 初版1刷 | 2022年3月 |
| 定價 | 新臺幣380元 |
| ISBN | 978-626-7092-14-9　978-626-7092-15-6（Pdf）　978-626-7092-16-3（Epub） |

有著作權　翻印必究
特別聲明：有關本書中的言論內容，不代表本公司／出版集團之立場與意見，文責由作者自行承擔

國家圖書館出版品預行編目（CIP）資料

26堂致富心態校準課：世界富豪導師DAN LOK駱鋒的「老子有錢」哲學／
駱鋒（DAN LOK）著；辛亞蓓譯. -- 初版. -- 新北市：堡壘文化有限公司出
版：遠足文化事業股份有限公司發行, 2022.03
　　面；　公分. --（亞當斯密；13）
譯自：F.U. Money : make as much money as you want and live your life as you
　　damn well please!
ISBN 978-626-7092-14-9（平裝）

1.CST: 金錢心理學　2.CST: 財富　3.CST: 成功法

561.014　　　　　　　　　　　　111002510